«Einfach ist nicht gleich simpel oder gar unbedarft. Uns wäre vielleicht wohler, wenn uns schwierige geistesgeschichtliche Kenntnisse häufiger – wie hier die Entstehung des Islams – in der Form der ‹Legende›, des animierten und beschwingten historischen Porträts vermittelt worden wären   (W. E. Süskind, Süddeutsche Zeitung).»

Elsa Sophia von Kamphoevener, geboren am 14. Juni 1878 in Hameln, lebte über vierzig Jahre in der Türkei. Ihr Vater, Marschall Louis von Kamphoevener-Pascha, war dort deutscher Botschafter. Als Jüngling verkleidet, erlauschte sie an den Lagerfeuern türkischer Hirten orientalische Geschichten, die aus dem ewigen Märchenvorrat der Menschheit zu stammen scheinen. Trotz strikten Verbots schrieb sie das Gehörte auf, aus Verpflichtung einem kostbaren Besitz gegenüber. Heitere und listige, erotische und melancholische Geschichten mit dem ganzen Zauber und der Weisheit orientalischen Fabulierens. Sie erschienen in den berühmt gewordenen Bänden «An Nachtfeuern der Karawan-Serail» (3 Bände, rororo Nr. 12 400) und «Anatolische Hirtenerzählungen» (rororo Nr. 4317); außerdem in den Bänden «Liebeslist. Drei alttürkische Märchen» und «Von Allahs Tieren» (beide im Rowohlt Verlag). Nach ihrer Rückkehr hatte die Baronin als freie Schriftstellerin und Journalistin gearbeitet, so für die «Vossische Zeitung» und den Rundfunk. Sie starb am 27. Juli 1963 in Marquartstein / Oberbayern.

Elsa Sophia von Kamphoevener
Mohammed · Islamische Christuslegenden

ELSA SOPHIA VON KAMPHOEVENER

MOHAMMED

ISLAMISCHE CHRISTUS-LEGENDEN

Rowohlt

Veröffentlicht im Rowohlt Taschenbuch Verlag GmbH,
Reinbek bei Hamburg, November 1989
Für «Mohammed» Copyright 1968,
für «Islamische Christuslegenden»
Copyright 1963 by Verlags AG «Die Arche»,
Peter Schifferli, Zürich
Umschlaggestaltung Nina Rothfos
Satz Garamond (Linotron 202)
Gesamtherstellung Clausen & Bosse, Leck
Printed in Germany
780-ISBN 3 499 12543 9

Inhalt

Mohammed

Vorwort 11

Arabien 13
Mohammed 23
Chadidja 39
Medina 57
Badr 73
Sieger 87
Aïscha 105
Islam 129

Islamische Christuslegenden

Vorwort 145

Begegnung in der Wüste 149
Die drei großen Propheten und die drei geweihten Geburten 150
Die gesegnete Hand 152
Der Schatten Ischas 154
Die leuchtende Hand und die lachende Stimme 156
Der Fischer am Roten Meer 158
Blendwerk des Eblis 160
Der ewige Imam 161
Die Tauben des Islams 163
Die Schlacht von Beder 165
Die Moschee in Byzanz 168
Der Fischer und des Fisches grüner Stein 170
Der Spiegel des Eblis 175
Der ewige Weber 179

Nachwort 181

MOHAMMED

Vorwort

Wie *Elsa Sophia von Kamphoevener* es im Nachwort ihrer «Gottesspuren» geschrieben hat, so ist es auch hier mit der «Legende um Mohammed»: es ist nicht Historie, ist nicht Wissenschaft. Es ist nichts Aufgeschriebenes, es ist nur Unschriftmäßiges, das aus der Überlieferung lebendig Gebliebene, das aber wahrhaftig, labend und unzerstörbar. Wissenschaft und Forschung haben mit allem, was hier dargestellt wird, nichts zu schaffen. Lebendige Dinge, aus dem Quell des Erlebten dargestellt, entsprungen einem langen Vertrautsein mit dem Orient, werden wiedergegeben, so wie sie im Volke lebten und – trotz aller Technisierung auch in diesen Landen – noch heute weiterleben.

Soweit türkische Worte angewandt werden, vergesse man nicht, daß die Erzählerin noch das alte Türkisch gebraucht, die türkische Sprache, die vor der Umwandlung der Sprache durch Kemal Atatürk gebräuchlich war. Sie ist den heutigen Türken sowenig verständlich wie der alten Generation die heutige Sprache. Dieses Alttürkisch in Neutürkisch zu übertragen, lag kein zwingender Grund vor.

Ilse Wilbrandt

Arabien

Gottesglaube und seine Gestaltung entwächst dem Boden, ist stärkster Ausdruck der Volkswesenheit, tiefste Verwandtschaft mit dem All, mit der Natur, wie sie gesehen wird aus dieser Volkseigenheit heraus. Deshalb ist auch jene Artung des Gottesglaubens die stärkste, die dauerhafteste, welche bodenständig bleibt, einer Pflanze vergleichbar, die im Heimatboden allein ihre ganze Kraft entfalten kann, da ihre Wurzeln die geheimen, tief verborgenen Unterwasser kennen, so daß auch die erbarmungsloseste Sonne, die ihre Krone sengt, sie nicht verbrennen kann. Der Heimatboden ist wahrhaft vertraute, wahrhaft Kraft gebende Heimat. Wird solche Pflanze in ein fremdes Klima gebracht, so muß sie künstlich gezüchtet werden und ist der einheimischen Pflanze in Kraft und Schönheit nicht vergleichbar.

So ist, getreu diesem Bilde, der Islam Arabien und Arabien der Islam. Beide sind nicht voneinander zu trennen und sind nur voll zu verstehen eines aus dem anderen, eines mit dem anderen. Dort allein ruhen die Wurzeln der Kraft des Islams; aus diesem Heimatboden ziehen sie das immer belebende Naß der geheimen Quellen; aus seinem Himmel lebt die Sicht des Alls, der Natur, des gewaltigen Gottes. Arabiens Sonne strahlt Lebensfreude und Glaubensfreude aus. Heimat!

Der, der diesen Islam gründete, dem seine Offenbarung

zuteil ward, war mit ganzer Hingabe ein Araber und liebte sein Land, sein Volk über alles Irdische, nicht aber über Gott. Ihn suchte und fand er in jenen verborgenen Quellen, in jener strahlenden Sonne, in den unermeßlich scheinenden Fernen der Wüste, in deren unerbitterlichem Licht und nächtlichem Schweigen alle Geheimnisse des Lebens und des Todes zu weben scheinen; denn auch hier lebt, erschütternd stark – GOTT.

Daß Arabien seine Eigenheit, seine unvergleichliche Geschlossenheit in solch starkem Maße hatte und immer haben wird, lag daran, daß es ein nahezu nicht zu eroberndes Land war, ja vielleicht trotz aller Technik immer bleiben wird. Von Sizilien aus, von der Bucharei, von Turkestan und den Pyrenäen her war immer wieder versucht worden, Arabien zu erobern. Man landete an den verschiedensten Stellen, was bei einer Halbinsel keine großen Schwierigkeiten bietet. Man war immer wieder erstaunt und fühlte sich zu Hohn und überlegenem Spott berechtigt, wenn sich der Landung keinerlei Hindernisse boten. Das Ganze ein Kinderspiel! Man fährt hin, landet unbehelligt, marschiert ein. Lächerliche Gesellschaft, diese Wüstensöhne; kaum der Mühe wert, auch nur ein Schwert mitzunehmen! Für das Geschmeiß würden einige Fußtritte genügen. Und so marschierte man frohgemut ein. Aber der Frohmut währte nicht lange, denn es waren zunächst nicht die verachteten Wüstensöhne, die sich zur Wehr setzten, sondern das Land selbst. Ungewohnt des beweglichen Sandes, der wie lebendig zu sein schien und jedem festen Tritt der schweren bekleideten Füße auswich, ungewohnt des plötzlich und ohne Übergang streckenweise auftauchenden steinigen, löcherreichen Bodens, stolperten die Eroberer dahin, trotz reichlich mitgenommenem Wasser der Hitze, der klaren Sonne nicht gewachsen. Militärische Ordnung war nicht aufrechtzuerhalten, zumal man ja anscheinend nur zu einem grauenhaften Spaziergang angetreten war und von einem fröhlichen leichten Kampf gegen kaum des Fußtrittes werte Gegner keine Rede zu sein schien. Erschöpft und entmutigt wurde dann Rast gemacht, nahe einer jener Dünen, die, einen geringen Schatten werfend, so etwas wie Schutz zu gewähren schienen. Aber hinter der niederen Düne hervor brauste es heran, aus dem Nichts, aus dem Sand, aus der schrecklich klaren Luft hervor, brach mit der Gewalt unsagbar schneller Pferdehufe und dem Schwingen langer, leicht gehandhabter Lanzen über die völlig Überraschten her, ließ mit hohen, schrecklich fröhlich und fast jauchzend klingenden Rufen seinen Weg über die Eindringlinge hin fegen, als würden Heuschrecken zerstört, die eingefallen waren, und war verschwunden, ehe sich die Vernichteten, die kaum noch Vorhandenen des Geschehens in aller seiner Gräßlichkeit recht bewußt geworden waren. Tote blieben den Geiern überlassen; Verwundete mitzuschleifen durch den verräterischen Sand, war kaum möglich, und es blieb nichts anderes übrig, als mühsam die Schiffe wieder zu erreichen, wobei man das Land und seine Söhne verfluchte. Denn hier kämpfte das Land gegen die Eroberer, kämpfte Arabien selbst für seine Söhne. Immer wieder endeten Kriegszüge Fremder auf die gleiche Art, bis man Arabien sich selbst überließ. Wer konnte mit Sand, Sonne und wandernden Dünen kämpfen? Wer reiten auf solchem Boden, selbst wenn man Pferde mitgenommen hatte? Laßt es seinen Götzen und seinen gespenstischen Reitern – uns ist es ein unwürdiges Grab, sagte Europa. Und ließ es seinen Götzen, dieses unheimliche Arabien. Denn es hatte damals Götzen und lebte ihnen, die Symbole des Naturgeschehens waren, stark verbunden.

Damals war das Land Arabien an allen Grenzen von den Stämmen der Sabäer umgeben. Sie stammten aus Sheba, das ist auf europäisch Saba. Die Sabäer waren eng mit Abessinien verbündet. Mit Hilfe der Abessinier gelang ihnen die Verdrängung der Minäer um 735 vor Christus. Es wurde lebhafter Handel getrieben mit Äthiopien, Indien und nördlichen Ländern, denn Sheba war ein sehr kultiviertes Land, das in Handwerk und Kunst Bedeutendes leistete. Die Hauptstadt war Mas'rib, europäisch Mariaba genannt. Weite Süßwasserkanäle machten das Land fruchtbar, und die Tempel der Sabäer waren berühmt wegen ihrer prächtigen Bauweise. Es waren Stufentempel, hoch hinaufragend nach Art aller Anbetungsstätten des Sternendienstes, wie in Saba üblich, wo die Beobachtung der Gestirne auch wissenschaftlich betrieben wurde. Der wissenschaftliche Austausch mit Babylon und Assyrien war sehr rege und bedeutsam. Magie und Mantik standen hoch im Werte, und das gesamte Leben war nach astrologischen Regeln eingeteilt, nach dem Stand der Planeten und ihrer Bedeutung. Mit Ägyptern und Persern bestanden Handelsverbindungen, auch Verbindungen künstlerischer Art, von denen wir noch heute einen vollgültigen Beweis haben, nämlich im Mosaik. Das Wort ist eine Verbildung des arabischen «musauik», was «geschmückt» heißt; es bezeichnet die Ausschmückungsart von Fußböden in allen drei Ländern, in Ägypten, Persien und Sheba. Die aus der Bibel bekannte Königin von Saba, die zu Salomos Zeit lebte, gilt als die Stammutter Abessiniens. Sie habe, so beweist man noch heute in Addis Abeba stichhaltig, von Salomo ein Kind gehabt, es mit heimgenommen und ihm die Krone Abessiniens gegeben. Auf diesem Grunde leitet sich der Negus unmittelbar von Salomo her und beansprucht die Nachfolge des uralten Thrones von Israel für sich. Sehr seltsame Reliefs in einer der großen tempelartigen Hallen von Addis Abeba zeigen die Geschichte der Königin und Salomos. Es fällt daher besonders auf, daß auch dort, in Abessinien, nichts von dem alten sabäischen Sternenglauben zurückgeblieben, sondern eine fast gleichmäßige Teilung zwischen dem Islam und dem nestorianischen Christentum anzutreffen ist.

Der sabäische Sternenglaube war, ähnlich dem Babylons, ein Naturkraft-Glaube und führte wie alle diese Glaubensformen zu einem gewissen Orgiasmus. Es gab in sämtlichen Urreligionen die Vertreterin der Zeugungskraft, möge sie nun Astarte heißen oder Kybele oder Tyche Soteira oder, wie in Saba, al-Lāt. Der Name ist mit Urania, Himmelsherrin, ins Griechische übertragen und als Begriff verdeutlicht worden von Herodot, dem Vater der Historie. Diese al-Lāt war von zahlreichen Sternenschwestern die erste und oberste, deren gemeinsamer Vater Allah hieß. Sie hatte viele Bezeichnungen: die Schwanengleiche; die Strahlende; die Rosenduftende; die weinlos Berauschende; die Lichtbogengleiche; die Himmel und Erde Bindende und andere. Sie wurde leidenschaftlich angebetet, denn ihr zu Ehren blühte alle Lust der Menschen, lebte jeder Rausch, jede Verzückung; und nur weil es al-Lāt gab, gab es auch alle Möglichkeiten des Seligseins. Sie hatte in Arabien viele Stätten der Anbetung, doch die prächtigste, die meistbesuchte, die allen Opfern und Bitten am meisten Erfolg versprechende war der ihr geweihte schwarze Opferstein in Mekka, Stätte unzähliger Pilgerfahrten. Hier fanden auch Menschenopfer statt, wie das überall zu Ehren der die Zeugungskräfte vertretenden Gottheiten zum Neubeginn der Jahresfruchtbarkeit geschah. Verbunden mit diesen Opferfesten war die Freiheit aller Lust, und Steigerungen zu wilder Orgie galten als das Zeichen, daß al-Lāt sich den sie Anbetenden offenbare. Immer stand bei diesen Naturanbetungen die Lebensform der Priesterschaft und die des Volkes, der Laien, in schroffstem Gegensatz zueinander. Die Priester Babylons, Ägyptens und Shebas waren Wissenschaftler, Forscher, strenge Deuter der Planetenbewegungen und der Sternenbahnen. Unter sich waren sie nur bestrebt, zu forschen, zu erkennen und ihr Wissen auszutauschen. Dem Laientum aber zeigten sie eine völlig andere Seite ihrer Erkenntnisse: Scheinbar hatten sie für das Volk nur erkannt, was die Gottheiten befahlen und erlaubten, wobei auf das Erlaubte der größte Nachdruck gelegt wurde. So lebte die Zeugungslust als Dienst an der Gottheit unter den Gläubigen der al-Lāt und der ihr gleichen Wesenheiten. Diese Gottheit entsprach dem Wesen des Arabers. Er ist Nomade, ein Kämpfer, ein Reiter, leidenschaftlich, herrisch, liebt seinen Stamm und hängt ihm an, liebt die Gastlichkeit und übt sie aus, gehorcht einem Ehrbegriff, der fast allen frei kämpfenden Männern eigen ist. Diese Göttin, die die Lust dem Manne nicht nur gestattete, sondern sogar gebot, war dem Araber recht, und daß ihr Sinnbild am Himmel der Wüste leuchtete, daß er zu ihr hinaufrufen konnte: «Yah al-Lāt!», machte sie ihm so nahe wie die Sonne und die Nacht. Frei mit ihr, frei wie sein ganzes Leben. Sie, die Araber, waren die Söhne Ismaels, des Sohnes der Hagar, ihrer war der Orient, den Fremden gehörte der Okzident. Juden gab es, Christen gab es, es gab auch solche, die Zerduscht anhingen – aber keiner von ihnen hatte eine Freiheit wie jene, die al-Lāt folgten: «Yah al-Lāt!»

Karawanen zogen dahin, bis nach Jerusalem, bis nach Jemen, bis nach Iranistan, zogen durch die Wüste, und man traf sich, sprach von allem, was das Leben reich, schön und erfolgreich machte. Dann kämpfte man wieder mit den Angehörigen des Nachbarstammes, dessen Scheich dem eigenen Scheich schon zweimal ein Rennkamel hatte stehlen lassen, und man bekam vielleicht einige neue junge Frauen zu eigen, die man gelegentlich gut verkaufen konnte. Schön war's, ein Araber zu sein, war das schönste auf der ganzen Welt, wenn man sich verglich mit denen, die fremd waren. Sie traf man dann alljährlich einmal bei Mekka, wenn die großen Feste der al-Lāt stattfanden und die Messen abgehalten wurden, die Märkte, die alle Welt beschickte, aus Missir, Jerusalem, Jemen, Iranistan – wer weiß noch woher! Aus Jerusalem brachten die Christen und auch die Juden Waren und Weine, aber die Juden waren unterhaltender, denn mit ihnen konnte man Geldgeschäfte machen, vor allem das geliebte Glücksspiel mit ihnen betreiben, bis man das letzte Kamel verspielt hatte, auch das letzte junge Weib, und nicht mehr wußte, auf welche Art man zu seinem Stamm zurückgelangen sollte. Gewiß, es gab immer Tote bei diesen Marktfesten der al-Lāt und solche, die ihre neue Armut nicht mit Fassung trugen, aber dennoch – «Yah al-Lāt!»

So sah das aus in Arabien um die sechziger Jahre des sechsten Jahrhunderts nach Christi Geburt, und so lebte Arabien langsam einer Verarmung, einer Entkräftung entgegen im Namen der kräftesaugenden, alles erlaubenden al-Lāt, Sterngöttin, Tochter Allahs, des Herrn des Himmels und der Erde. Ihr Heiligtum in Mekka, der große, in der Sonne glänzende schwarze Meteorstein, die Kaaba, neben der die heilige Quelle Semsem entsprang, war ihr bestes und reichstes Heiligtum. Sie beschützte auch ganz besonders die Hüter der Kaaba und der Quelle Semsem, die immer nur demselben Stamme der Kuraisch und innerhalb des Stammes derselben Familie angehören durften, den Haschim, die einstmals ihr ganzes Hab und Gut hergegeben hatten, um Mekka, ihre Stadt, die Stadt der al-Lāt, vor einer Hungersnot zu schützen. Und wieder ein anderer derselben Familie der Haschim hatte alle seine Söhne im Kampfe geopfert zum Schutze der Kaaba und der Semsem. So saß stets einer von ihnen, der älteste, der weiseste, der würdigste, neben al-Lāts Heiligtümern. Gewiß, im Innern des Tempels befanden sich neben dem Abbild der al-Lāt auch noch die Steinbilder ihrer Schwestern al-Ussa und al-Manat, mächtige Sterne auch sie, neben ihnen auch Hubal, der Mond. Aber sie wurden nicht bewacht, nur der Stein und die Quelle, bewacht von den Haschim, und nur von ihnen! Hochgeehrt waren sie deshalb, trotz ihrer Armut, und obwohl um diese Zeit nur zwei von ihnen noch lebten: Abu Talib Beni Haschim, der greise Hüter der Heiligtümer der al-Lāt, und sein Bruder Abu Sahab, der den Omaijaden anhing.

Abu Talib selbst aber wußte, daß er noch einen Brudersohn hatte: Abdallah Motaleb, der wie ihrer viele ein Kaufmann und Karawanenführer war, doch ein ärmlicher, der das Los ihrer Familie, die Armut, mit jedem von ihnen teilte. Er verdingte sich zum Führen der Karawanen, und da er, auch wie ihrer viele, nur ein Zelt sein eigen nannte, nahm er das Zelt und sein Weib mit. «Arm bin ich, verehrungswürdiger Oheim», hatte Abdallah gesagt, «und so kann ich mir keine Sklavinnen kaufen und halten, wohl aber ein Weib, ein einziges Eheweib; schon fand ich sie, Aminah, vom Stamme Suhra. Sie will meine Armut teilen, mit mir ziehen ohne Dienstgesinde. Was hältst du davon, o du Seele meines Vaters?» Die Seele seines Vaters, der verehrungswürdige Abu Talib, hatte das beinahe unanständig gefunden. «Bist du ein so schwächlicher Mann, mein Brudersohn, daß du nur ein einziges Weib befriedigen kannst?» hatte er verachtungsvoll gefragt. Aber der schöne Abdallah, weit und breit berühmt seiner Schönheit, Tapferkeit und Schwertsicherheit wegen, hatte nur gelacht und sich nicht verteidigt; er hatte sich in all seiner jungen Mannheit aufgerichtet, anzusehen wie die Sonne am Mittag, und hatte ruhig geantwortet: «Mein Weib Aminah ist mit mir zufrieden, und der Sohn, den sie mir bald schenken wird, soll es auch sein.» Dann war er gegangen, denn er wollte sich nur verabschieden von dem Ehrwürdigen, und Abu Talib hatte leise vor sich hin gelacht, bedenkend, daß sie alle immer glaubten, sie würden mit einem Sohn gesegnet werden und nicht die Schande erdulden müssen, Vater eines Mädchens zu werden, das dann mühevoll in die Erde eingegraben werden mußte.

Die Zeit verging, und sie schien Abu Talib erstaunlich kurz zu sein, wie immer für ihn, der keine Zeit mehr kannte. Da war dann ein schwarzes Weib zu ihm gekommen, mühsam, wie todmüde schreitend, ein Bündel in den Armen. Sie schleppte sich zu der Stelle, wo er neben der ewig friedvollen und frischen Quelle hockte, sank neben ihm nieder und murmelte mit letzter Kraft: «Nimm, Herr, es ist deines Brudersohnes Sohn Mohammed; Abdallah starb, Aminah starb, nun sterbe auch ich.» Doch jetzt erwachte Abu Talib zu schneller Tätigkeit. Das Bündel nahm er ihr ab, legte es neben die Quelle, murmelte: «Semsem, erfrische ihn», und sprühte mit dem kleinen, aus einer Kokosnuß geformten Handbecher das geweihte Wasser vorsichtig über die Erschöpfte. «Hilf, al-Lāt, al-Lāt, hilf», flüsterte er vor sich hin, und als sich zwei müde Augen langsam öffneten, träufelte er das heilige Wasser auch auf die gesprungenen Lippen. Und al-Lāt half. Al-Lāt belebte sie wieder, die Sklavin Halema, die später mehr als eine Mutter wurde für al-Lāts größten Feind und Vernichter: Mohammed. Als sich Halema erholt hatte, gespeist und erquickt durch Abu Talib, fragte er: «Das ist Mohammed?» und deutete auf das Bündel. «Es ist Mohammed», sagte sie mit strahlendem Blick ihrer schwarzen Augen und meinte den Sinn des Namens: der Gesegnete, der Gepriesene, der Geweihte. Ja, es war Mohammed.

Mohammed

Mohammed Beni Haschim, so lautet der volle Name des Knaben, der als Waise in die Obhut des Abu Talib kam. Die Negersklavin Halema, die sein junges Leben bewahrt hatte, schenkte ihm die einzige Mutterliebe, die er jemals kennenlernte, denn über dem Sein und Wesen seiner Mutter Aminah liegt ein tiefes Geheimnis. Der schöne und tapfere Abdallah war, wie es den Kaufleuten der Wüste, zumal den Karawanenführern, so oft widerfuhr, gefallen von der Hand räuberischer Beduinen, die als wahre Straßenräuber hinter den Dünen der Wüste vorbeiziehenden Karawanen auflauerten und sie zu berauben trachteten. Es scheint so gewesen zu sein, daß Abdallah und sein Weib Aminah lange durch die Wüste zogen, bis sie endlich bei einem armen Negerstamm für Aminahs Niederkunft Zuflucht fanden.

Ob Aminah dort starb, ob sie, als sie vom Tode Abdallahs hörte, verzweifelt entfloh und die Wüste sie vernichtete – es ist nicht mehr festzustellen. Gewiß ist nur, daß sie ihren kleinen Sohn der Sklavin Halema anvertraute und ihr befahl, ihn nach Mekka zu Abu Talib zu bringen.

Es gibt einen Bericht, der besagt, Aminah sei später nach Mekka zurückgekehrt, habe aber ihren Sohn nie für sich beansprucht, ja, sie sei ihm und seiner Lehre feindlich gesinnt gewesen, weil al-Lāt sich dafür, daß sie ihrem Vernichter das Leben gab, an ihr gerächt habe. Wie dem auch sei, in Mohammeds Leben wird seine Mutter nicht mehr erwähnt. Bis in seine reifen Mannesjahre blieb ihm Halema treu. Ein Spruch in Arabien sagt: «Siehst du diese schwarze Haut? So tief drang die Sonne in sie ein, daß auch das Herz davon ganz angefüllt ward – du, der du einsam frierst, hier findest du Sonnenwärme.»

Von Halema und Abu Talib betreut, wuchs Mohammed im Heiligtum der al-Lāt auf, der Quelle Semsem nahe, ja dicht am schwarzen Stein der Kaaba. Er war ein ungewöhnlich schöner Knabe, doch von frühester Kindheit an ernst und anderen Knaben gegenüber abweisend. Seine großen fragenden Augen betrachteten forschend die zahlreichen Pilger, die kamen, der al-Lāt zu opfern, sahen auch alle Arten ihrer Verehrungsformen in der wahllosen Vereinigung von Mann und Weib. Wenn die Araber auch wie fast alle Orientalen besonders frühreif sind und ihnen alles, was das Wesen der Natur ausmacht, seit dem ersten Begreifen der Dinge nicht fremd ist, so bleibt es doch bemerkenswert, daß ein Knabe schon mit fünf Jahren begann, sich über alles, was er rings um sich sah, eine Meinung zu bilden und sie zu äußern. Seine Lebensgeschichte ist in allen Einzelheiten überliefert worden. Bei einem Volk, das kaum etwas der Schrift anvertraute, weil nur ganz wenige zu schreiben vermochten, jedoch über die Gabe eines untrüglichen Gedächtnisses verfügten, bei einem solchen Volk kommt der Überlieferung mehr Bedeutung zu als jedem Schriftwerk. Auch ist die Ehrfurcht vor der Überlieferung so groß, daß niemals daran etwas geändert wird, kein Wort gewandelt, kein Satz umgebaut. Wie es der Vater dem Sohne berichtet, so berichtet es dieser wieder wortgetreu dem eigenen Sohne. Daher weiß derjenige, der den Orient kennt, besonders aber Arabien, das diesem Gesetz der Überlieferung am unerbittlichsten anhängt, daß aller mündlichen Übertragung mehr zu trauen ist als auch der schönstverzierten und kunstvollsten schriftlichen Darstellung. Was nun gar Mohammed betrifft, so kann man sein Leben darauf verwetten, daß jede Kleinigkeit auf das genaueste stimmt. Denn nicht nur ist alles, was den Propheten anbelangt, von tiefster und innigster Ehrfurcht umgeben, es geht auch darum, in ihm, der die Schrift als Mitteilungsmittel streng verneinte, den Vertreter der Überlieferung und diese selbst zu ehren.

So ist in allem, was Abu Talib über Art, Wesen und Wort seines seltsamen Großneffen berichtete, von dessen Eigenart er schon damals stark betroffen war, der Kernpunkt der Überlieferung zu erkennen, und daran zweifeln heißt dem Propheten Unehre erweisen. Das besonders eigenartige an diesem Knaben war das absolut Neue seiner Anschauungsweise. Der greise Abu Talib, aufgewachsen in seiner ihm selbstverständlich erscheinenden Gedankenwelt, fand beispielsweise nichts Besonderes daran, daß die Geburt eines Mädchens für dessen Vater eine Schande bedeutete, und daß dieser Fleck auf der Mannesehre möglichst bald beseitigt werden mußte. Wenn nun wieder einmal um den Bezirk der al-Lāt herum solch ein eben geborenes kleines Wesen gleich einem toten Hunde eingescharrt wurde und die Mutter sich flehend und jammernd herbeischleppte, um ihr Kind zu retten, stand der junge Mohammed totenbleich dabei, und Tränen rannen ihm über die Wangen. «Ich vermochte nicht zu verstehen, weshalb er weinte», erzählt Abu Talib, und er fragte ihn, was ihn so errege. «Er war damals kaum sechs Jahre alt, und wißt ihr, was er mir zur Antwort gab? Er sagte, wie immer ehrfurchtsvoll, aber fast wie ein Mann sprechend: ‹Ehrwürdiger Herr, es erregt mich die Grausamkeit, aber auch die Torheit. Wenn so viel Leben vernichtet wird, woher soll Arabistan dann seine Mütter nehmen?› So sagte er, ein Sechsjähriger!» Das berichtet Abu Talib.

Als Mohammed im zehnten Jahre stand, wurde er bereits von seinen gleichaltrigen Gefährten, mochte er sich ihnen auch fernhalten, verhöhnt und beschimpft, weil er ihre geschlechtlichen Vergnügungen nicht mitmachte. Sie nannten ihn einen schlechten Sohn der al-Lāt, und wenn er das sei, der einzige Nachkomme der Beni Kuraisch, der einstmals die Semsem und die Kaaba hüten werde, wer könne dann noch für al-Lāts Ehre hoffen? Und wieder berichtet Abu Talib: «Ihr wißt es wohl, daß unter al-Lāts Herrschaft jedem Manne jede Frau erlaubt war; ihr wißt, er durfte auch seiner Mutter, seiner Schwester, seiner Tochter beiwohnen zu al-Lāts Ehre. Wenn sie zusammenkamen, um ihr Opfer zu leisten, wurde Mohammed, dessen Name gesegnet sei, oftmals Zeuge dieser Geschehnisse. Zuerst hatte er sie alle zusammen kommen sehen, die eines Stammes waren. Die Frauen brachten Früchte, Tauben, Lämmer und ähnliches zum Opfer; hinter ihnen standen die Männer und sagten jeweils: Dies opfert dir, erhabene al-Lāt, meine Mutter, meine Tochter, meine Schwester. So wußte Mohammed, der Gesegnete, wer sie waren, und so sah er voll Schrecken, wie später, wenn der Rausch über sie kam, die Männer die Frauen packten. Er blieb ernst und still zuerst, doch später fragte er mich: ‹Erhabener Herr, soll ein Mann seine Mutter nicht ehren? Seine Schwester und Tochter nicht schützen, sage es mir?› Ich sagte, es sei so. Darauf er: ‹Warum dann, ehrwürdiger Herr, stürzen sie sich wie brünstige Kamele auf die ihnen zugehörigen Frauen?› Ich sagte, es geschähe zu al-Lāts Ehre. Und er – was sagte er? Mir wurde kalt, als er es sagte, der Zehnjährige! Er sagte: ‹Al-Lāt?! So nennt ihr alles Schändliche, alles Grausame, alles Törichte, das euch selbst vernichtet. Ist Arabistan so elend und arm, daß es nichts anderes hat als al-Lāt?!› Das, meine Freunde, war nicht seine Stimme, die zu mir sprach – ich weiß es jetzt –, schon war es Gabriel, der dreifach Gesegnete, der aus seiner Jugend sprach. Preis ihm.» So die Überlieferung aus dem Munde des ehrwürdigen Abu Talib über Mohammeds frühe Jugend.

Damals schon machte er sich den Altersgenossen verhaßt, und diese Abneigung steigerte sich, je mehr er heranwuchs, zu allgemeinem Abscheu, weil man ihn als einen Vernichter der Lebensfreude betrachtete. Viel Reichtum gab es in Mekka nicht; nur einige wenige große Kaufherren betrieben den Tauschhandel, den ein Umschlagplatz des Karawanenhandels verlangt, und konnten Führer und Wächter ihrer Waren stellen. Sonst war es ein ärmlicher Platz, wo man von dem lebte, was durch den Handel nur eben zu gewinnen war. Freude und Genuß brachten hauptsächlich die großen Märkte, bei denen gespielt und getrunken wurde und die Orgie herrschte. Auch hier sah man den ernsten Knaben, der nun bald ein Jüngling wurde, abseits stehen und zuschauen. Seiner Schönheit schien er sich nicht zu freuen, seiner Jugend auch nicht; Hohn und Spott der Altersgenossen schien er nicht zu hören. Wieder berichtet Abu Talib hierüber, um so ernsthafter, als sich allerlei dunkles Gewölk um den jungen Mohammed zusammenzuziehen begann. Er sagt: «Sie lassen ihn nicht mehr in Frieden. Sie verlangen von ihm, an ihren Vergnügungen teilzunehmen, handle es sich nun um das Glücksspiel, um das Trinken oder um Frauen. Da er sich weigert, klagen sie ihn an, er tue der al-Lāt Unehre. Er verteidigt sich nicht, worüber ich ihn zur Rede stelle, da er, seinem Vater gleich, das Schwert zu führen weiß und ich ihm guten Unterricht in der Kunst des Fechtens geben ließ. Vor kurzem kam er blutüberströmt von einem Gang zu den Märkten zurück und sagte nur lachend, sie hätten ihn aus dem Hinterhalt mit Steinen beworfen. Er fand, es sei nicht der Mühe wert, gegen solche Kindereien etwas zu unternehmen. ‹Wissen sie denn nichts vom Reiten?› sagte er. ‹Ein Pferd ist durch Steinwürfe nicht zu bändigen, es läuft nur davon. Ich kann doch reiten, Ehrwürdiger. Auch das ließest du mir zuteil werden. Nun also!› Was konnte ich mit ihm machen? Da ich ihn liebe und Angst um ihn hatte, ließ ich ihn tun, was sein Vater Abdallah getan hatte. Ich bewog einen der Kaufleute, Mohammed, dessen Name gesegnet sei, zum Führer seiner Karawane zu machen. Ihr wißt, was geschah? Die Räuber verfluchen ihn schon heute, denn sein Schwert ist schnell. Welch größere Ehre kann einem Jüngling zuteil werden, als von Räubern voller Angst verflucht zu werden?» So Abu Talib. Zwischen Fluch und Segen, zwischen Beschimpfung und Bewunderung trat Mohammed den Weg ins Leben eines Mannes an.

Und dann beginnt die Gottsuche des jungen Mohammed. Jahrelang zieht er von der Mitte des Roten Meeres aus nach Norden, sogar über Jerusalem hinaus, bis nach Basra hinauf, oder auch nach Süden bis Bossra, dem byzantinischen Hauptort des Getreidehandels. Alles dieses mag handelstechnisch für jene wissenswert sein, die die damalige Verteilung der Weltwaren feststellen wollen. Für denjenigen, der Mohammeds Gottsuche nachforscht, ist es unwesentlich. Was ihm auf diesen Handelszügen begegnete, war das Christentum in vielerlei Gestalt, als nestorianisches Christentum, als byzantinisches oder auch als Christentum aus Jerusalem und das Judentum. Er suchte die Verneinung des Götzendienstes seiner Heimat, oder besser: die Umformung dieses falschen Kultes zu einem tief arabischen Gottwissen und Gottdienen. Und er suchte gewissenhaft, demütig, ehrfürchtig, sich dem bereits Gefundenen beugend, darin er nur die heimatnahe, die heimatgegebene Bindung feststellte. Ihm stand als sicher fest, daß nur der Eingott eine wirkliche Kraftquelle bedeuten könne, und mit aller Einseitigkeit der frühen Jugend sah er hierbei weder rechts noch links. Was bedeuteten ihm Sterne, was der gesamte Himmel, wenn er überzeugt war, daß hinter eben diesem Himmel die Kraft lebte, die ihn zum Sein gebracht hatte. Für ihn handelte es sich darum, dieser Kraft einen Namen zu geben! Hier suchte ein Araber, ein Orientale. Ein solcher vermag sich frei zu schwingen vom Erdboden in das belebte All hinaus, wie sich der vollendete Reiter vom Sattel frei zu schwingen vermag, sich nur noch mit einem Fuß am Steigbügel haltend und um sein Reittier kreiselnd – aber der Steigbügel muß da sein, muß halten! Es geht nicht an, sich in die blaue Gefühlsferne zu schwingen. Das Reittier muß beherrscht werden, der Bügel halten – die Erde wird nicht ganz verlassen – er bleibt immer der Sohn der Gäa, sie gibt ihm Kraft. Den Eingott finden, den Eingott Arabistans! Die Macht finden, die es vermöchte, alle jetzt sich verschwendenden Kräfte Arabistans zusammenzuschließen. Einen Begriff finden, um dessentwillen es nicht mehr anginge, alle Frauen zu schänden, neugeborene Mädchen zu töten, sich zu verlieren an Glücksspiel und Trunk und so das Volksvermögen, die Volksgesundheit zu verschwenden. Diese Kraft suchen, diesen Gottgedanken, diesen Gottnamen.

Das war das Ziel des jungen Karawanenführers Mohammed. Er war dabei durchaus kein lebensferner Schwärmer, der seine Handelsgeschäfte vernachlässigte. Weit davon entfernt! Er galt vielmehr als ein außergewöhnlich tüchtiger Kaufmann, zudem als gewandter Fechter und bester Verteidiger seiner Karawanen. Aber das war nur das Äußerliche. Die Gottsuche blieb das Eigentliche.

Zwischen Mekka und Medina, das damals Tathrib hieß, in der Nähe von Dhu'l Kassa befand sich ein nestorianisches Mönchskloster. Viele Nestorianer, Arianer, Athanasianer waren aus Byzanz geflüchtet und hatten sich, vom Süden, von Bossra kommend, auf den Getreideschiffen verborgen, nach Arabien begeben. Die Ketzerjagd war damals in Byzanz in heller Blüte, und aus dem Vorhandensein der zahlreichen byzantinischen Flüchtlinge hat Mohammeds Staatsklugheit auch später viele Vorteile gezogen. Jetzt lernte er das alles auf seinen Karawanenreisen kennen, und er pflegte in dem Nestorianer-Kloster bei Dhu'l Kassa haltzumachen. Die griechischen Mönche, klug und weltweise, scheinen sehr bald die Geistesgaben und das besondere Streben des jungen Arabers erkannt zu haben, denn ihre Form der Gottesanbetung ist im Islam deutlich erkennbar, vor allem das Verneinen jedes Gottesbildes, was zu den strengen Glaubenssätzen der Nestorianer gehört. Es besteht kein Zweifel, daß der junge Mohammed damals vom Christentum stark beeinflußt wurde, und daß er auf dem Weiterwege im fernen Jerusalem dann auch in dieser Richtung forschte. Aus jener Zeit stammt auch, so ist mit Sicherheit anzunehmen, die durch den ganzen Islam, will heißen durch den ganzen Koran gehende tiefe Verehrung Jesu, den Arabien Ischa nennt, den Gesegneten, den Verehrungswürdigen. Soviel blieb Mohammed von der Hinneigung zum Christentum, wie ihm auch das Mitleid, die Nächstenliebe und das Lob der Armut blieben. Man weiß, daß er es viele Jahre lang immer wieder so einrichtete, daß er Waren nach Jerusalem bringen mußte, und man weiß auch, daß er dort stets neue Verbindungen mit Christen anknüpfte. Die fünf Jahre hindurch, in denen diese Suchreisen stattfanden, hat er innerlich um eine Angleichung christlicher Glaubenssätze an das arabische Wesen, an das arabische Leben und Land gerungen, aber es gelang ihm nicht, eine Einheit zu finden. Zwei Dinge zwangen ihn zur endgültigen Absage an alle christlichen Formen: erstens und hauptsächlich die Lehre von der Dreieinigkeit und dann die Lehre von der Gottsohnschaft Jesu. Die Lehre von der Dreieinigkeit, eine der schwierigsten für naturnahes Begreifen, war für den Araber wiederum etwas wie Vielgötterei, bedeutete ihm eine für den realen Geist des Orients viel zu verschlungene Unwirklichkeit und war gerade das, dem Mohammed entgehen wollte – das Vielgestaltige. Den einen, einzigen, unteilbaren Gott suchte er, den, neben welchem es nichts gab als nur Leben und Tod.

Die Gottessohnschaft Jesu mußte der Araber, mußte der in al-Lāts Heiligtum aufgewachsene Kuraisch folgerichtig verneinen. Er hatte eine «Gottheit» kennengelernt, die tief in alles Zeugende verwoben war, die Allmutter, die gewaltig grausame Kybele. Die Abwendung von allem, das göttliche Zeugung bedeuten konnte, mußte dem neuen Gottsucher eine Selbstverständlichkeit sein. Weit über alle auch nur annähernd ähnliche Begriffe sollte und mußte der erhoben sein, den Mohammed schon jetzt Allah nannte, den ururalten Herrn des Himmels und der Erde, der von jeher über der arabischen Wüste in aller scheinbar so nahen Himmelspracht strahlend gestanden hatte. Dennoch übernahm der Jüngling schon jetzt den Begriff von Gottes lebengebendem Geist, wie er in seinem viel später entstandenen Koran mehrfach beschrieben wird. So stellte er Jesus, von dessen Mutter Maria im Koran oft die Rede ist, als einen nach Gottes Willen entstandenen Verkünder dar, verneinte aber jede Art von Theorie, die eine direkte Zeugung Gottes, wenn auch durch den Geist, behauptete. Aus allen diesen Erwägungen schälte sich allmählich das Bild des Islams heraus, langsam, ganz langsam, als ein eifersüchtig gehütetes Geheimnis in der Brust des jungen Mohammed.

Nachdem er die christlichen Lehren für Arabistan abgelehnt hatte, wandte er sich dem Judentum zu, als einer Religion des absoluten Alleingottes. Doch so sehr er auch versuchte, in Jerusalem das Judentum zu würdigen, und so oft er auch auf seinen Karawanen-Reisen bei den verschiedenen großen Judenscheichs, die zwischen Palästina und Arabien angesiedelt waren, immer wieder haltmachte – auch bei dem mächtigsten von ihnen, dem Scheich von Medina –, nie gelang es Mohammed, den Gott der Juden anders zu sehen als einen Gesetzesherrn, als einen strengen und engen Richter, als einen, der zwar Weisheit, aber weder Erbarmen noch Freude bedeutete. Und er fand zwei Gleichheiten zwischen Christen und Juden: Sünde und Angst. Priester schürten die Angst der Gläubigen, weil sie sie dadurch in der Hand behielten, und die Sünde blieb stets ihr stärkstes Beweismittel.

«Wenn schon ein armer irrender Mensch zu vergeben vermag, ja, zu vergessen, was ihm angetan ward; wenn schon unter dem Himmel der Wüste, in ihrer Weite und Stille, das Verstehen von Gottes Erhabenheit wächst – wieviel mehr dann Gott, wieviel weniger dann Sünde und Angst vor Leben und Tod.» So sagte er bereits in einem der ersten Gespräche, die er mit Chadidja führte.

Chadidja! Sie war in Wahrheit die Befreierin, war die Hütende, war die Lebengebende für den Islam. Daß sie zusammenkamen, war Schicksal, Kismet, war, wie diejenigen, die noch der al-Lāt anhingen, sagten, das Werk ihrer Schwester, der al-Ussa, der Schicksalsleiterin. Sie ahnten nicht, welchen Irrtum sie damit ihren Göttinnen unterstellten, denn als Mohammed und Chadidja zusammenkamen, war der Islam geboren.

Abu Talib, der für seinen Großneffen, den er als seinen Sohn bezeichnete, die Karawanenaufträge suchte und abschloß, war es in sechs Jahren noch nicht gelungen, unter den verschiedenen großen Händlern, die dem jungen Mohammed den Schutz ihrer Karawanen und den Vertrieb und Austausch ihrer Waren anvertraut hatten, auch die reiche Kaufmannswitwe Chadidja zu gewinnen. Verschiedentlich schon hatte sich Abu Talib durch Vermittler an sie gewandt, aber sie lehnte Mohammed als zu jugendlich ab. Nun aber griff das Schicksal selbst ein, in Gestalt einiger besonders verwegener Räuber, die eine der Chadidja gehörende Karawane schon fast in ihre Gewalt gebracht hatten, als sich die von Mohammed geführte Karawane näherte. Daß er desselben Weges kam, hatte auch seine eigene Bewandtnis, denn gewöhnlich pflegte man sich nicht so knapp auf den Fersen zu folgen. Es war nicht Sitte, galt als unerwünscht. Aber das Schicksal – Kismet! Es bemühte sich eifrig und veranlaßte, daß ein besonders wertvolles Kamel aus Chadidjas Besitz lahmte.

Ihr Karawanenführer Sufar, der es eilig hatte, nach Mekka heimzukehren, ließ das Kamel in Tebuk, wo sie alle genächtigt hatten, unter Mohammeds Aufsicht zurück und bat, wenn irgend möglich, ihm nach Verlauf von zwei Sonnenaufgängen nachzukommen, damit er das Kamel noch vor Mekka wiederhätte. So geschah es auch. Das nahezu geheilte Tier wurde unbeladen mitgeführt, aber schon zwischen Tebuk und Medina bemerkten sie, daß mit den Voranziehenden irgend etwas nicht in Ordnung sein könnte. Spuren wiesen auf hastigen Lageraufbruch hin, und Mohammeds Leute erklärten lachend, es sehe hier aus wie nach einem großen Markt, wenn der Platz gesäubert werden müsse, geradesoviel liege überall herum. Er aber lachte nicht. «Sufar ist ein zuverlässiger Mann, niemals hätte er all dieses ihm nicht gehörende Gut fortgeworfen. Laßt uns versuchen, ihm schneller zu folgen, und sucht zusammen, was er verloren hat. Ich reite mit fünf Mann voraus – wer unbelastete Reitkamele hat, folge mir, so er will. Es gilt, unseren Brüdern zu helfen – seid schnell!»

Eines solchen Rufes bedurfte es unter Wüstenarabern nicht zum zweiten Male, damals und auch heute nicht. In Kürze rasten die Rennkamele dahin, ihre Reiter tief im Sattel zwischen die Höcker gedrückt, nur erkennbar an dem fahnengleich hinter ihnen wehenden Burnus. Das edle Rennkamel, besonders gezüchtet, mit einem Stammbaum, ist in der Wüste wie eine huschende Wolke, wie ein zuckender Schatten; ein Verschlinger der Zeit und der Not ist es.

Nach einem knappen Tage schon hatten die zehn Männer – so viele waren freiwillig mitgekommen – die Stelle erreicht, wo der tapfere Sufar noch immer kämpfte, obwohl er schon von toten Menschen umgeben war, wenn auch nicht von toten Tieren, denn die Kamele, diese klügsten und verläßlichsten Begleiter, hatten sich um ihn und die wenigen Überlebenden eng zusammengedrängt, um so einen Wall gegen die Angreifer zu bilden. Ein Kamel anzugreifen, ist außerordentlich schwierig. Es schlägt aus, es beißt; nähert man sich ihm, so schiebt es seinen großen Körper auf die geschickteste Art vor und zur Seite, so daß es dem Angreifer vorkommt, als kämpfe er mit einem zornigen Schatten. Ganz auf diesen Schattenkampf eingestellt, wurden die Räuber der lautlos heranbrausenden Rennkamele erst gewahr, als sie und ihre Reiter schon mittem im Gewühl waren.

Sie sagen, alle, die der Überlieferung pflegen, sagen es, damals schon habe der junge Mohammed «Ya Allah!» gerufen, habe beim Schwingen seines Schwertes den Burnus mitgeschwungen, und es habe ausgesehen, «als kämpfe eine Regenwolke gegen feindliche Hitze». Wie dem auch sei, die Fähigkeit, anzufeuern und allerletzte Kräfte herauszuholen, die ihm in erstaunlichem Maße zu Gebote stand, erwies sich damals schon. Übereinstimmend wird erklärt, der Räuber habe sich ein wahres Entsetzen bemächtigt, sie hätten schreiend die Flucht ergriffen und fortwährend gerufen: «Djinnahan – Djinnahan!» Die im lautlos fliegenden Ritt mitten aus der Wüste auftauchenden Zehn erschienen ihnen als Djinnen, als böse Geister. Jedenfalls ließen sie von ihren Opfern ab und suchten hinter der Sanddüne Zuflucht, hinter der Mohammed mit seinen Rennkamelen hervorgebraust war, denn nach Art der Wüstenaraber hatte er die Lage zuerst in Deckung überprüft. Da man nun vorerst sicher war, schlug man an Ort und Stelle das Lager auf, um auf die nachkommende Karawane zu warten, Verwundete zu pflegen und die Toten zu verscharren, damit sie den Geiern nicht zum Fraß dienten, worauf Mohammed zur Verwunderung der anderen Araber drang, denn nach dem sabäischen Sternenglauben war der Tote nur noch ein Düngmittel. Aber eigentlich hatte er recht – es war ja sinnlos, die Wüste zu düngen. Nur welch nutzlose Arbeit!

Doch hatte der junge Mohammed ihnen so rechtzeitig mit seinen Gefährten geholfen, daß sie ihm gehorchten und ihm schweigend, wenn auch erstaunt zuschauten, als er über den Toten die Hände hob und laut flehte: «Allah kerim», was bedeutet, Allah sei gnädig. Sie sahen einander halb lächelnd an, wußte man doch schon längst, daß dieser gute Fechter, prächtige Reiter und verläßliche Helfer ein wenig vom Finger des Mondes berührt, nicht ganz bei sich war. Trotz diesen Seltsamkeiten schwor Sufar, der Führer von Chadidjas Karawane nicht nur, er werde diese Rettung niemals vergessen, sondern er verlangte auch, daß Mohammed mit ihm zu seiner Herrin käme. «Wozu das?» erwiderte Mohammed. «Ist es nicht Sitte, daß man sich gegenseitig hilft? Du hättest das gleiche für mich getan, Sufar. Also wozu?» Aber Sufar ließ sich nicht bereden. «Damit du ihr bestätigst, daß ich kein Feigling war.» Dagegen hatte Mohammed nichts einzuwenden, und als sie drei Wochen später, beide Karawanen vereinigt, in Mekka einzogen, machten alle Begleiter der Karawanen, die Sklaven, Knechte und Seilführer der Kamele, bereits solches Geschrei von dem Erlebnis, daß Mohammed nichts anderes blieb, als mit Sufar zum Hause der Chadidja zu reiten, noch ehe er Abu Talib begrüßt hatte. Beim letzten Lager vor Mekka, etwa drei Stunden vor dem Einzug, hatten sich alle, wie es üblich war, festlich hergerichtet, und der mitgeführte Barbier hatte ihre Gesichter glatt geschabt, so daß nur ihre schönen Bärte in der Sonne glänzten. So zogen sie, freudig begrüßt, denn ihre Kamele waren hoch beladen, durch die Stadt zum weitläufigen Besitztum der Chadidja, in deren Hof ihre Karawane abgeladen werden sollte.

Die wohlhabende, damals fünfunddreißigjährige Frau, die klügste und geschäftstüchtigste von Mekka, war schon seit fünf Jahren Witwe und selbständige Handelsherrin. Sie stand wartend im Torbogen ihres Hauses, unverschleiert, wie es damals üblich war. Man verschleierte sich nur, wenn man sich etwa auf einem Wüstenritt gegen die harte Sonne schützen mußte. Chadidja, reich gekleidet, leuchtend von Juwelen, die auch ihr dunkles Haar schmückten, wartete mißgestimmt auf den Bericht des Karawanenführers, denn verschiedene, von ihr ausgesandte Boten hatten ihr berichtet, es sei ihrer Karawane alles geraubt worden. Als sich Sufar ihr in demütiger Haltung näherte, rief sie ihm hochmütig und ärgerlich zu: «Du wagst es, dich vor mir blicken zu lassen, und hast mein Hab und Gut nicht geschützt, du Elender, du Dieb, du Feigling! Was soll ich…» Doch da wurde sie zu ihrem fassungslosen Erstaunen unterbrochen, nicht von Sufar, der mit verschränkten Armen gesenkten Hauptes vor ihr stand, sondern von einem ihr unbekannten Jüngling, der sich stolz aufgerichtet neben den Gemaßregelten stellte. Dunkle Augen blitzten sie an, und aus einem schönen jungen Männergesicht sprachen Zorn und Mißachtung. Unerschrockene Worte äußerte der Mund über dem weichen braunen Bart, und sie konnte nur reglos lauschen. Der Fremde sagte: «Wer bist du, die friedlich hier in ihrem Hause weilt und wartet, bis tapfere Männer ihr Gewinn und Gut bringen, du, die du mühelos den Vorteil von allem einziehst? Du wagst es, einen tapferen Mann Feigling zu nennen, du, die von nichts weiß, als was dir das Gerede feiler Boten zuträgt, deren nach Lohn ausgestreckte Hand noch schneller ist als ihre lose Zunge? Wer, sage ich, bist du? Chadidja, eine reiche Frau, ich weiß es. Dieser aber, dein Karawanenführer Sufar, tat mehr als seine Pflicht, viel mehr, und wozu? Um sich nach der Heimkehr von Weibermund feige schelten zu lassen. Er wehrte sich nahezu eine Nacht und einen Tag lang in Hitze und Qual gegen die Räuber, die sich deine Waren aneignen wollten. Er steht zwar hier vor dir, um sich beschimpfen zu lassen – was aber ist mit den sieben, die für dich den Tod in der Wüste fanden? Was sage ich – für dich?! Für deine Geldbörse allein! Beuge dich in Demut, du stolzes, reiches Weib, vor so viel Treue und Opfermut – beuge dich, sage ich dir!»

Die ringsum Stehenden, die Sklaven und Diener, wußten nicht, wie ihnen geschah, als sie sahen, daß Chadidja wirklich ihren juwelenglitzernden Kopf beugte, und nur diejenigen, die am nächsten standen, vermochten ihre leisen Worte zu hören. Sie sagte: «Vergib, Herr, ich beuge mich.»

Jetzt aber hatte Sufar Mut gefaßt, jetzt redete er plötzlich. Er sah leuchtenden Blickes zu dem Jüngling auf und sagte laut, strahlend in einem Triumph, dessen Ursprung er noch nicht kannte: «Der zu dir sprach, Herrin, ist Mohammed Beni Haschim, der uns aus Not und Tod errettete, wie eine Sturmwolke daherbrausend mit neun anderen, die auch hier sind. Deine Waren sind gerettet, auch viele deiner Diener, dank diesem, der kam, als wir nichts mehr vermochten gegen die Übermacht – dieser Mohammed, unser Bruder und Freund.» Sufar schwieg, aber er war der erste, der diese Worte aussprach, die heute noch überall klingen, wo der Islam seine Heimat hat, die schönen, unsterblichen Worte: «Mohammed, unser Bruder und Freund.»

Als sie so zum ersten Male gesprochen wurden, klangen sie wie eine neue Botschaft. Leise, kaum hörbar wiederholte Chadidja sie; dann trat sie zur Seite, den Eingang in ihr Haus freigebend, lächelte den schönen Jüngling an, berührte ihre Stirn mit der Hand zum Zeichen der Ergebenheit und sagte: «Tritt ein, Herr, dieses Haus ist dein.» Doch Mohammed zögerte. Er wies auf Sufar und fragte halblaut: «Und dieser, Herrin?»

«Ihm gilt mein ganzer Dank und auch Ehrfurcht, doch möge er, der hier daheim ist, noch warten. Erste Ehre gebührt dem Fremden, ihm, den er nannte: Mohammed, unser Bruder und Freund. Tritt ein in dein Haus, Herr.»

Mohammed grüßte und folgte der Frau in den dunklen, kühlen Hausgang. Zwar war nur die uralte Sprechweise der Gastlichkeit angewandt worden, die dem Fremden das Haus zu eigen gibt, doch traf es sich, daß der junge Mohammed hier wirklich in sein eigenes Haus eintrat, daß hier seine Heimat war, des Leibes wie der Seele und des Herzens, in diesem Hause, bei Chadidja, der Mutter des Islams.

So wurden die beiden zusammengeführt; dies war des Schicksals großer Zug, der zur Wandlung einer Welt führen sollte.

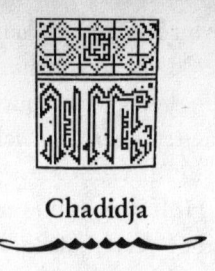

Chadidja

Der zwanzigjährige Mohammed und die fünfunddreißigjährige Chadidja verstanden sich von der ersten Begegnung an. Sie kannten einander nur wenige Wochen, als sie bereits die Ehe schlossen. Von diesem Tage an hatte Mohammed ein Heim, war geborgen und fand einen Menschen, dem er jene Gedanken mitzuteilen vermochte, die ihn in steter Unruhe gehalten hatten, ihn gewissermaßen immerzu zwischen Himmel und Erde herumtrieben. Hatte Abu Talibs Neffe bisher nur als ein Sonderling gegolten, der zwar oftmals Ärgernis erregte, den man aber meiden und nicht achten konnte, soviel man wollte, so wandelte sich diese Einstellung dem Ehemann der Chadidja gegenüber. Mit einem Schlage ward er eine zu beachtende, ja zu fürchtende Persönlichkeit, da er nun über den Reichtum und Einfluß seiner Frau gebot. Derjenige, der sich jetzt offen an die Spitze von Mohammeds Gegnern stellte, war das Oberhaupt des Stammes, das von jeher den Beni Haschim feindlich gesinnt gewesen war; es war Abu Sophian, das Haupt der mächtigen und einflußreichen Omaijaden. Bisher war es ihm nicht der Mühe wert erschienen, den seltsamen Schwärmer zu verfolgen, der allein stand und später wohl wie sein ehrwürdiger Oheim an der Quelle Semsem sitzen würde, wobei ihm gewiß alle absonderlichen Vorstellungen mit der Zeit vergingen. Aber jetzt – jetzt mußte man ihn im Auge behalten! Schon hatte Abu Sophian geglaubt, die nahezu jahrhundertealte Plage der Beni Haschim sei ihm vom Hals geschafft, da wurde dieser letzte eines verfluchten Stammes durch seine Heirat einer der reichsten Männer Mekkas!

Immerhin, eine Hoffnung gab es noch: der Reichtum, das Wohlleben. Viele waren dadurch schon vernichtet worden. War es nicht möglich, daß al-Ussa ihm, ihrem getreuen Sohn und Anbeter Abu Sophian, den Gefallen getan hatte, auf diese Art das letzte Ärgernis der Beni Haschim zu beseitigen? Also noch ein wenig warten, immer sich gedulden, das war gut. Und Abu Sophian wartete darauf und mit ihm alle, die in seinem Solde standen, es möge sich nunmehr ein neuer junger Lebemann ihrem Kreise anschließen; sie würden ihn nicht nur mit Freuden, sogar mit Begeisterung aufnehmen und dafür sorgen, daß seine bisher unverwüstlich scheinende Kraft bald zerstört wäre. Das Geld dafür stellte der Herr, der Gebieter Abu Sophian, reichlich zur Verfügung.

Doch sie warteten vergeblich. Mohammed war kaum noch zu erblicken, und immer seltener führte er selbst die Karawanen seiner Frau, immer mehr lebte er im verborgenen. Es war wohl die glücklichste Zeit seines Lebens, es war die, in der er seine Bejahung fand, in der er an sich selbst und seine Sendung glauben lernte. Die ihm diesen Glauben gab, war Chadidja. Aus dieser ersten Zeit seiner Ehe gibt es so zahlreiche Überlieferungen, daß man gezwungen ist, aus der verwirrenden Menge immer wieder auszulesen. Daß die Wiedergaben so zahlreich sind, ist mehr als verständlich, denn nunmehr naht die Geburt des Islams.

Es beginnt die Zeit, in welcher Mohammed mit einer unsichtbaren Kraft in Verbindung stand, die er zwar niemals sah, wohl aber hörte. Und es beginnt sein großes, sein Ehrfurcht gebietendes Ringen um das, was er hörte, um die Wahrheit seines Hellhörens. Es ist behauptet worden, Mohammed sei Epileptiker gewesen. Es ist behauptet worden, Mohammed sei ein verlogener Phantast gewesen. Es ist behauptet worden, Mohammed sei insgeheim ein Trinker gewesen, habe im Überrausch Dinge, die nicht vorhanden waren, gehört und gesehen.

Weder der Trinker noch der Epileptiker ist glaubhaft, denn es erscheint unmöglich, bis zum dreiundsechzigsten Jahre so jung, so stark, so frisch und schön zu sein, wie er es nach allen übereinstimmenden Berichten war, wenn man ein verlorener Säufer oder ein schwerkranker Epileptiker ist. Was die Anklage betrifft, er sei ein verlogener Phantast gewesen, so widerlegt er sie selbst in jedem zweiten Satz des Korans. Wenn man dieses Bekenntnisbuch eines gottnahen Menschen aufmerksam liest, geht daraus hervor, daß er, der es kündete, immer suchte, suchte. Sich und seine Wahrheit stellt er immer wieder vor das Auge Gottes. Das eine einzige Mal, wo er den Menschen bezüglich der al-Lāt zu Gefallen redete, Sure 53 Verse 19 / 23, hat er sich niemals vergeben und noch in seiner Todesstunde davon gesprochen. Nein, er war all das nicht, was man ihm vorwarf, auch deshalb vorwarf, weil es viel bequemer ist, zu verunglimpfen und die Geschehnisse auf die niedere Ebene alltäglicher Peinlichkeiten, die nicht ohne weiteres erklärlich sind, hinabzuziehen, als zuzugestehen, es gäbe etwas, das nicht real zu erklären ist. Das ist unheimlich. Das darf nicht sein. Und der Mensch, der es vorlebt, der es verkündet, darf auch nicht sein. Wohin kämen Unzählige im elenden Trott ihres kleinen Daseins, wenn sie ja sagen müßten zum Unerklärlichen, das von Gott aussagt? Sie müßten vergehen, vernichtet werden. Das befürchteten alle diejenigen, die sich gegen Mohammed stellten, schon damals, als er noch nicht öffentlich aufgetreten war, noch nichts verkündet hatte, noch hinter dem Schleier der Chadidja lebte. Denn so geschah es wahrhaft. Als er sich mit ihr verband, hatte er ihr schon zwei Erlebnisse mitgeteilt, die er in Wüstennächten gehabt hatte. Als Verantwortlicher für die Sicherheit der Karawane hatte er die Gewohnheit, sich außerhalb des Lagers, in Felle und Wolldecken gehüllt, niederzulegen. Die Höcker seines Kamels gaben ihm Schutz.

«Zum Himmel sah ich hinauf, zu den Sternen, die Götter sein sollen, und ich dachte: Allah, Herr des Himmels und der Erde, du bist es – die anderen sind nur Sterne. Da wurde es tiefschwarz um mich, und in dem Dunkel sah ich eine Hand, die leuchtete, und sie wies auf mich. Ich richtete mich auf und rief: Allah, gibst du Antwort? Da tönte es in meinen Ohren, so wie es braust, wenn der Schimum naht, und eine Stimme sagte: Nicht Allah, sein Bote Gabriel – Koran – Koran... Ich wollte antworten, irgend etwas sagen, da war alles fort, und die Sterne oben wie vorher, unten aber mein Kamel in Ruhe, unbewegt. Und du weißt, die merken alles, alles, die Kamele. Was hältst du davon, o Chadidja?»

Das fragte er sie, und es quälte und beunruhigte ihn sehr. Sie bewegte es in sich, und nach Stunden fand sie einen Ausweg für ihn, damit er ergründete, ob er geträumt hatte, oder ob ihm das zweimalige gleiche Erleben auch anderwärts begegnete. «Du mußt in der Nacht draußen sein, mein Gebieter», sagte sie. «Droben in den Weinbergen befindet sich eine Höhle, sie gibt dir Schutz vor allem Getier, und du kannst an ihrem Eingang ein Lager mit Fellen haben. Dort ruhe und warte, und du wirst erkennen, ob du wach warst, ob in Traum und Schlaf.» Er überlegte ihre Worte, und dann sagte er das, was das Werden des Islams ermöglichte: «Nicht ohne dich, Chadidja, meine Seele. Komme mit mir, warte mit mir, und sage du mir, ob ich wach bin, ob im Traum, sage du mir, ob auch du hörst, auch du siehst. Willst du? Denn mich peinigt es sehr, bis ich die Wahrheit weiß.» Sie kam dann allnächtlich mit ihm, und sie tat mehr, als nur mit ihm in Fellen zu ruhen und zu warten: sie kniete am Eingang der Höhle und breitete ihren Schleier gegen die Nacht aus, ihn so ganz abschließend vor dem nächtlichen Leben kleinen Getiers im Weinberg.

«Nichts kann zu dir gelangen, mein Gebieter, es komme denn an mir vorbei, durch meinen Schleier. Ich wache.» Und es begann wieder, wie es in der Wüste geschehen war. Sie hörte ihn wiederholen: Koran – sah, daß er vollständig wach war, die Augen offen und belebt, nicht etwa traumstarr, und sah ihn dann eine tiefe Verbeugung machen, wiederholen: «Ich vernahm es, Koran…» Dieses Wort nun bedeutet: Künde, verbreite, verlies. Mohammed hat sein Buch der Offenbarungen so benannt, weil es das Wort war, das die Stimme, in der er den Erzengel Gabriel erkennen mußte, ihm immer wieder anbefahl. Was er hellhörend jedesmal vernahm, sagte er Chadidja, die es ihm wiederholte. Das wunderbar entwickelte Gedächtnis des analphabetischen Arabers ermöglichte es ihm, alles wortwörtlich zu behalten. So verbrachten sie die Nächte, in denen es nicht allzu kalt war, wenn – wie das rechte Wort hier lautet – der Geist ihn trieb. Immer wieder, in nahezu ergreifender Selbstprüfung, hat er sie gefragt und nochmals gefragt: «Sage mir, Chadidja, meine Seele, du, die du jedes Wort hörtest, wenn ich es vernahm – du bist sicher, ganz sicher – sage es mir –, daß ich nicht träume? Daß ich keine eigenen Worte hinzusetze? Nichts von meinen armen Gedanken seinen erhabenen Worten unterlege?»

«Nichts, mein Gebieter, gar nichts. Durch meinen Schleier dränge es verwehend hindurch, wäre es nur dein Wort.» Sie glaubte, und so glaubte auch er. Die Jahre, in denen er sich einsam abgemüht hatte, wie jeder junge gesunde Mann sich den Kopf zerbrechend, wodurch und warum ihm solch seltsame Dinge geschähen, waren vorbei, und die erste Gläubige des Islams half dem Verkünder an sich glauben. «Islam» heißt Hingabe, Ergebung. Chadidja war beides ganz, aber sie war auch ein sehr tüchtiger Mensch, der viele Jahre der Witwenschaft hindurch ein großes Geschäft allein geführt hatte. So sah sie ein, daß etwas getan werden mußte, wollte man den Offenbarungen Mohammeds eine sichere und feste Form geben. In diesem Bestreben tat sie etwas erstaunlich Kluges, das man stets wieder bewundern muß: Sie brachte einige der Verkündungen Mohammeds aus ihrem ausgezeichneten Gedächtnis, wie nebensächlich, vor ihrem Negersklaven Zaid zu Gehör. Diesen treuen und dennoch sehr verschlossenen Menschen kannte sie schon jahrzehntelang, glaubte auch zu wissen, daß er sich um sein eigenes und das Los der Sklaven Gedanken machte. Obwohl sie ihm, wie man das bei sehr wertvollen Sklaven zu tun pflegt, das Leben möglichst zu erleichtern suchte, blieb er düster und versonnen. Nun aber versuchte sie es bei ihm, ob er innerlich hören konnte, was in Mohammeds Offenbarungen von den Armen und den Bedrückten gesagt wurde.

Was geschah, war erschütternd, war die erste menschliche Antwort auf das «Koran» des Engels Gabriel. Zaid sagte ängstlich: «Alle sind Brüder? Auch die Sklaven und die Armen? Nicht mehr ausersehen als Opfer für al-Lāt? Was ist es? Wer sagt es? Ist es nur eine Erzählung eines wandernden Erzählers? Herrin, wer sagt es, was ist es?»

«Der es sagt, ist Mohammed, dein Gebieter, auf göttlichen Befehl. Was es ist, heißt Islam, Hingabe an Gott, an Allah.»

«Herrin, o Herrin, was aber ist Gott? Du sagst Allah, er aber ist der Vater der al-Lāt. So ist es doch ein Opfer, für das ich ausersehen ward – oh, habe Mitleid, Herrin, man stirbt so schwer, so langsam und schwer, töte mich jetzt...»

«Warte, ich hole den Herrn», sagte Chadidja und vernahm nicht mehr, wie Zaid murmelte: «Du hast recht, er wird es besser können als du.» Das Töten meinte der Sklave. Mohammed kam. Er hockte sich auf den Boden neben den Neger und sprach zu ihm. Die Brücke, die er baute, war die Freiheit des Leibes. «Du bist von heute an so frei wie ich, Zaid, hier nimm meine Hand, die Hand deines Bruders und Freundes. Glaube mir, es ist Allah, der dich ebenso frei sehen will wie jeden seiner Söhne. Wenn du willst, so gehe noch heute und rufe von denen, die gleich dir Sklaven sind – nein, waren –, zusammen, wen du erreichen kannst, und ich werde zu ihnen sprechen. Glaubst du mir, Zaid, mein Bruder?»

Seit er als kleiner Knabe aus seiner Heimat Abessinien geraubt und von gewerblichen Sklavenhändlern, deren es dort viele gab, verkauft worden war, hatte noch kein Mensch so zu ihm gesprochen, hatte sich niemals die Hand eines Freien in seine dunkle Hand gelegt, niemals der Mund eines Freien ihn «mein Bruder» genannt. Er schaute in das schöne Gesicht seines jungen Gebieters, fühlte dessen Hand in der seinen, sah die großen Augen wie Sterne leuchten. Er flüsterte heiser: «Ich glaube dir, Herr.» Aber Mohammed schüttelte den Kopf. «Herr nennst du mich, mein Bruder? Willst du nicht mir gleich sein unter Allahs Hand?»

Da geschah es, da brach Zaid zusammen, und alles Elend seines Lebens versank. Da glaubte er, da fühlte auch er sich unter der Hand Allahs, war Bruder dieses seines Herrn. Da wurde aus dem Neger der erste Jünger Mohammeds und später in Medina der erste Gebetsrufer des Islams.

Es ist immer wieder tief bewegend, wie sich beim Erscheinen eines Verkünders von Gottes Wesen und Nähe die Armen, die vom Schicksal Enterbten voll Hoffnung und Sehnen um den Künder sammeln und seine Lehre eintrinken wie Dürstende das Wasser. So geschah es bei Buddha, so bei Christus und nun ebenso bei Mohammed.

Auch Zaid, erfüllt von seinem Glück, ein Freier unter Freien, wurde ein Künder des neuen, fast unbegreiflich Wunderbaren, das der junge Prophet ihnen allen brachte. Heimlich schlichen von überallher die Sklaven herbei, saßen am Boden um Mohammed im größten Raume von Chadidjas großem Hause und tranken ihm die Worte von den Lippen. Ihre dunklen Gesichter bestätigten den alten arabischen Spruch von der Sonnenfülle der dunklen Haut, denn sie strahlten in unergründlicher Beseligung.

Nicht etwa, daß Mohammed das Ende der Sklaverei an sich verkündet hätte; das läge dem arabischen Denken ganz fern. Nein, was er kündete, war die Gleichheit aller unter Gottes Hand, war – um es mit einem europäisch-christlichen Begriff zu verdeutlichen – die Gotteskindschaft. Hier wurde Allah, der Herr des Himmels und der Erde, ihrer aller gütigster Vater, Erbarmer und Helfer, und er selbst, der Künder, Mohammed, ihr Bruder und Freund.

Dieses Zusammenfinden der Sklaven aber führte in Mekka schließlich zu Mohammeds Vernichtung. Denn was kann verborgen bleiben in großen Häusern, wo sich viel Dienerschaft befindet, freie und unfreie? Zuerst glaubte man an eine Verschwörung einiger Stämme gegen andere; als aber keinerlei Feindseligkeiten ausbrachen, wurde man noch mißtrauischer. Die Söldlinge des Abu Sophian, die sich in der Nähe von Mohammeds und Chadidjas Haus herumtrieben, brachten heraus, worum es hier ging. Und jetzt kochte die Seele der Seele der Mekkaner auf: ihr Geldsinn. Was, dieser elende Beni Haschim, dieser ärmliche Niemand, der vom Gelde einer reichen Frau lebte, die seine Mutter hätte sein können, wollte den Wohlstand der größten Häuser untergraben, indem er die Sklaven rebellisch machte?! Ihm würde man zeigen, daß die Omaijaden in Mekka immer noch die Herren waren!

Und es begann gegen den, den seine dunklen Jünger schon den Propheten nannten, eine Hetze, wie sie sonst nur gegen Verräter der Heimat eingeleitet wurde. Abu Talib erfuhr davon, denn Kaaba und Semsem waren immer wieder Mittelpunkt aller Begegnungen. Er überließ einem jungen Anwärter die Wache an der Quelle und begab sich zum Hause der Chadidja. Sie empfing ihn mit allen Ehren, bat ihn jedoch, jetzt besser nicht zu Mohammed vorzudringen, denn er sei von seinen Jüngern umgeben. Kopfschüttelnd und sehr mißtrauisch diesem ganzen Geschehen gegenüber überlegte er wieder und wieder, ob er als Priester der al-Lāt nicht verpflichtet sei, ihn, den Frevler, zu opfern. Seine Liebe zu dem, der ihm wie ein Sohn war, und sein Pflichtgefühl lagen schon lange in schwerem Kampf. Chadidja, die heimlich Angst vor dem ehrwürdigen Manne hatte, weil sie wußte, was ihm oblag, bat ihn leise: «Herr, willst du ihm nicht unbemerkt zuhören? Du wirst dann besser wissen, was es alles bedeutet, und wirst verstehen, Herr, daß nur du und ich ihn zu schützen vermögen. Komm, Herr, willst du?» Abu Talib aber antwortete entrüstet: «Ich soll ihn schützen, diesen Frevler – ich, der Priester der al-Lāt? Niemals!» Sie jedoch ließ sich nicht abweisen und flüsterte kaum vernehmbar: «Du liebst ihn doch, Herr? Nicht wahr? Du und ich sind die einzigen, die ihn schützen können, weil wir ihn lieben. Komm, Herr, komm – sei leise – er soll nicht wissen, daß du gekommen bist.»

Da sie seine Liebe zu diesem Sohn seines Herzens angerufen hatte, war er wehrlos und folgte ihr über die Bodenteppiche, auf denen ihre Schritte unhörbar blieben, weil ihre Füße mit den fürs Haus üblichen weichen Lederschuhen bekleidet waren. Einen Vorhang, der den bogenartigen Eingang verhüllte, schob sie ein wenig zur Seite, und Abu Talib konnte das große Gemach überblicken. Der prächtig gestaltete Raum mit Mosaik an Wänden und Boden, bestimmt für große Stammesvereinigungen, bot einen seltsamen Anblick.

Auf dem Bodenteppich saßen vielleicht zehn Negersklaven und zwischen ihnen, in seinem leichten seidenen Hausgewand, der junge Mohammed. Er saß vorgebeugt, und alle dunklen Gesichter waren ihm zugewandt, alle schwarzen Augen auf ihn gerichtet. Sie wirkten wie gebannt, die dunklen Sklaven, sie schienen atemlos zu lauschen. Abu Talib ließ sich mit der Geschwindigkeit des Orientalen geräuschlos neben dem Vorhang nieder, und das leise Rauschen von Chadidjas Gewändern verriet ihm, daß sie sich neben ihn auf den Boden setzte. Sie konnten hier nicht gesehen werden, denn eine Säule verbarg sie. Mohammed sagte soeben: «Sünde, sagst du, Mehmed? Verbrechen, sagst du? Was ist das? Meinst du Verbrechen an Allah oder an den Menschen? Und was nennst du Sünde? Lerntest du es von den Jahudis?»

«Herr, vergib...» gab eine Stimme zur Antwort, aber Mohammed hob die Hand, lächelte und sagte heiter: «Nein, den Herrn vergebe ich dir nicht, Bruder!»

Abu Talib sah fragend zu Chadidja; sie aber wies auf ihren jungen Gatten. Dessen Lächeln schien sich in all den dunklen Gesichtern zu spiegeln, und es ging wie ein leises Lachen durch den Raum. Dann ertönte wieder die Stimme von vorhin, doch es schwang darin etwas, das wie versteckter Jubel klang.

«O mein Bruder... bis wir lernen, daß wir es nicht nur sagen, sondern sogar sein dürfen – das dauert. Du mußt

Geduld mit uns haben – es ist zu viel des Glückes...»
Gleich einem Echo wurden seine Worte leise wiederholt,
doch Mohammeds heitere Stimme durchbrach diese Ergriffenheit.

«Ihr werdet euch schon daran gewöhnen, meine Brüder,
wie ihr euch auch daran gewöhnt habt, daß die Sonne uns
allen scheint, dem Ärmsten wie dem Reichsten. Und so ist
Allah über uns allen gleich, und wir sind seine Söhne; sind
aber die Söhne eines Vaters nicht Brüder? Nun also! Sage
nun, Mehmed, was wolltest du wissen?»

«Verbrechen und Sünde, Bruder. Du weißt, daß uns so
vieles als Verbrechen angerechnet wurde. Ein Blick zuviel
in das Antlitz des Herrn; ein Versuch zu antworten; einmal aus demselben Glas Wasser zu trinken, das seine Lippen berührt hatten, die des Herrn; ja, einmal auf seinen
Schatten zu treten, wenn wir ihm folgten – es war alles
Verbrechen, alles verdiente Stockhiebe. Wie nun, Herr...
nein, nein... wie nun, mein Bruder, ist es mit all diesen
Dingen? Wie sollen wir es verstehen, was du uns von Allah
sagst, da doch all dieses noch so ist und wir nicht frei sind,
wenn auch deine Brüder, o du Gesegneter.»

Abu Talib dachte nicht mehr an seine Quelle oder seine
Göttin. Er saß jetzt ebenso atemlos vorgebeugt wie die
Sklaven dort, wie ihr Blick hing der seine an Mohammeds
Lippen, wartend, gespannt. Was konnte hierauf geantwortet werden? Es gab nichts darauf zu sagen, gar nichts.
Aber der alte Sternenpriester täuschte sich. Es gab doch
etwas zu sagen, denn Mohammeds Antwort war nicht die
seine, sondern die Gabriels, des Boten Allahs – Koran!
«Weißt du nicht, daß Allahs Reich der Himmel und die
Erde sind? Er straft, wen er will, und verzeiht, wem er
will, und Allah hat Macht über alle Dinge. So hat er Macht
über dich und dein Leben, aber auch über das Leben derer,
die dir Unrecht tun, und er wird sie strafen mit einer

Strafe, die nur er kennt. Dich aber macht er frei, weil der frei ist, der weiß, daß ein Mensch keine Macht hat, nur Allah allein.»

Dennoch war Mehmed, der Sklave, nicht zufrieden. «Gut, Herr... mein Bruder», sagte er ein wenig lächelnd, wobei in dem dunklen Gesicht die Zähne leuchteten, «doch wenn der Mensch die Macht hat, mich zu quälen, wie will dann Allah helfen, außer er läßt ein Wunder geschehen? Und welche Art Wunder? Wird er vielleicht den Arm desjenigen lähmen, der mir mit der Eisenpeitsche die Haut zerreißt?»

Ehe Mohammed hierauf antworten konnte, geschah es, daß Abu Talib, bevor ihn die erschrockene Chadidja zurückzuhalten vermochte, aufsprang und mitten unter den überraschten Sklaven stand, die nun ihrerseits hochsprangen. Ruhig erhob sich Mohammed und grüßte ehrfurchtsvoll seinen Pflegevater, wollte ihn auch geziemend anreden, kam aber nicht dazu, denn Abu Talib sprach erregt: «Was laßt ihr euch von diesem hier betören, ihr armen Kinder des Irrtums? Er ist nichts als ein Kahin, einer jener Wahrsager und Dichter, wie sie überall zu finden sind, aber er lästert, was sie nicht tun, denn er nennt seinen Schahib Allah, den Vater unserer Göttinnen. Hinweg von ihm, wenn ihr nicht schrecklichen Foltern unterworfen werden wollt, ihr armen Betörten! Kommt, folgt mir, und ich will für euch bitten bei euren Herren!»

Ratlos, zwar gewohnt, jedem Befehl zu gehorchen, nun aber unsicher geworden, standen die Sklaven da und schauten – wie verirrte Herdentiere auf ihren Hirten – auf Mohammed. Er ging ruhig und ernst auf seinen Oheim zu und sagte halblaut, wie ein Kind zum Vater sprechen würde: «Du Ehrwürdiger, mir mehr als ein Vater, sprich nicht so! Du kennst mich gut und weißt, daß ich niemals gelästert habe, und ich spreche Allahs Namen nur in tiefer

Ehrfurcht aus. Auch weißt du, daß ich niemals zu den Kahin gehörte, vielmehr sie stets tief mißachtete. Gütig warst du immer – willst du jetzt diese hier, die bei Allah Erbarmen suchen, da die Menschen ihnen keines geben, für ihr Hoffen büßen lassen? Es wäre deiner nicht würdig, mein Vater. Du glaubst nicht, was ich glaube – gut, es sei dir freigestellt, doch auch mir und diesen hier ebenso. Und nun gehe in Frieden...»

Abu Talib sah den geliebten Jüngling an, und sein Blick war voll Trauer. Er antwortete leise: «So trennen sich hier unsere Wege, aber Friede auch dir.» Er ging und kehrte nie wieder. Er vermochte es nicht; zu lange schon diente er der al-Lāt, der al-Ussa, der al-Manat. Doch stellte er sich nicht mehr offen gegen den Neffen. An seiner Statt tat es sein Bruder, Abu Lahab, der Mohammed so hart und so bösartig bekämpfte, daß Mohammed ihm einen seiner wenigen großen Flüche entgegenschleuderte, womit er eingestand, daß er immer noch dem Wesen der al-Lāt anhing, denn verderbenbringende Flüche waren in ihrem Dienste üblich.

Trotzdem begann es sich nun herumzusprechen, daß Mohammed, Gatte der Chadidja, ein wirklicher Prophet sei. Um Mohammed sammelten sich nunmehr auch andere als nur Sklaven; so ein Neffe der Chadidja, Ali, einer der berühmtesten des Islams und später ein großer Kalif; dann der einzige nahe Freund Mohammeds, Abu Bekr, ein reicher, bedeutender Handelsherr und Vater der Aïscha, deren Name im Islam nur halblaut genannt wird – nicht etwa aus Ehrfurcht, sondern aus Abscheu. Eine der größten und bedeutsamsten Eroberungen aber, die die junge Lehre machte, war die des Omar ibn Chattab, durch seine Frau dem Stamme Machsum verwandt, die wiederum zu den großen Kuraisch gehörte, davon Abu Sophian, der Omaijade, der größten einer war. Für kurze Zeit hielt

Omars Übertritt zum Islam die Angriffe der Kuraisch auf, doch eben nur für kurze Zeit. Denn hier ging es um Macht. Nicht um Glauben, nicht um Allah oder al-Lāt kämpften die Kuraisch, nein, nur um Macht. Wenn Mohammed es vermochte, durch seine Märchen vom Engel Gabriel und dessen «Koran» das Volk für sich zu gewinnen, wenn die gut eingeführte Glaubensart der Sternenmädchen vernichtet wurde, was wurde dann aus der Übermacht der Kuraisch? Da wurde von der Gleichheit aller Menschen geredet – welch ein Wahnsinn, welch eine Unmöglichkeit! Der solches verkündete, der die Oberherrschaft über die Armen, über die Dienenden vernichten wollte, der mußte selbst vernichtet werden. Und so griffen die Kuraisch nun entscheidend ein: Sie verhängten über Mohammed und seinen Anhang, ja auch über die reiche Chadidja, den großen Fluch und verbannten sie alle in die sogenannte Schlucht des Abu Talib, einen ärmlichen Bezirk, der an das Haus und den Besitz der Chadidja grenzte. Immer noch blieb in all diesem Hin und Her Abu Talib selbst dem Neffen insoweit treu, als er ihn im Schutz seines Stammes erklärte, was allerdings gegen die mächtigen Kuraisch nicht viel bedeutete. Denn jetzt kam es so weit, daß niemand in Mekka den Gebannten Nahrungsmittel abgeben durfte, kein Brot, keine Früchte, keine Milch, keinen Käse, ja kein Wasser. Chadidja konnte sich und ihrem Haushalt helfen, da ihr Besitz einiges hergab, doch durfte niemand es wagen, sich außerhalb der Schlucht zu zeigen, denn die Haschim zu töten, galt in Mekka als ein verdienstvolles Werk. Der Stamm Haschim, ob gläubig oder ungläubig, hielt in dieser Zeit zusammen, wie das Stammesgebot es verlangte, und befand sich mit Herden und Gesinde in der Schlucht. Einige Gläubige hatten zu dieser Zeit, auf Anraten von Chadidja und Mohammed, bereits mit der Auswanderung nach Abessinien begonnen, geführt von Othman, einem der Großen des Islams und einem der Kalifen nach Mohammed. Die immer noch freundschaftlichen Beziehungen Mohammeds zum nestorianischen und aramäischen Christentum hatten ihn veranlaßt, den Negus zum Schutz für seine Anhänger zu bitten, und sie genossen dort Sicherheit. Wenn sich jedoch in Mekka einer der Sklaven und Armen, die dem Islam anhingen, außerhalb der Schlucht zeigte, ergriff und folterte man ihn, um einen Widerruf zu erzielen.

Der reiche Abu Bekr opferte den größten Teil seines Vermögens, um diese Unglücklichen freizukaufen. Noch war Mohammed guten Mutes, und es gelang ihm sogar einmal, unter dem Schutze des starken Kriegers Omar, der einen Teil seiner Kuraisch-Sippe aufgeboten hatte, an der Kaaba selbst zu sprechen und sein «Koran» zu verkünden. Darauf aber wollte man sich seiner endgültig entledigen, ein Vorhaben, von dem der Mohammed tief ergebene Ali erfuhr. Er veranlaßte Mohammed, den er wie einen Vater liebte, durch die Schlucht zum Berge Hira zu fliehen, wo Mohammed eine Höhle kannte, denn dort hatte er mehrfach genächtigt und Offenbarungen gehabt. Ali legte sich inzwischen, mit Mohammeds Gewändern bekleidet, in dessen Gemach nieder und erwartete die Häscher. Jedoch hatten Späher ihnen von der Flucht Mohammeds berichtet; so suchten sie und fanden – wie nicht anders möglich bei Wüstenarabern – seine Spur bis zum Hira. Sie fanden auch die Höhle, in der er sich verbarg. Der Eingang war völlig mit Schlingpflanzen überwachsen, in denen zahlreiche Tauben nisteten. «Unmöglich», sagten die Verfolger, «daß sich jemand hinter diesem Vorhang von Blüten und Vögeln verborgen hält – wir sind getäuscht worden», und zogen ab. Mohammed beobachtete die Sucher durch die Zweige. «Dank euch, Tauben», murmelte er und kehrte einige Tage später unbehelligt zu der Schlucht zurück. Im

Gedenken an diese Rettung des Propheten vor seinen Verfolgern werden heute noch im Hof jeder Moschee Tauben gehalten und als geweiht betrachtet.

Dies war die sogenannte kleine Hedschra. Noch immer bot Mekka Mohammed gewisse Lebensmöglichkeiten, allerdings schwierigster Art. Aber bald darauf trafen ihn zwei Schicksalsschläge, die ihm anzuzeigen schienen, daß seine Zeit hier abgelaufen war: Fast zu gleicher Zeit starben im Jahre 619 sein Pflegevater Abu Talib und sein Weib Chadidja. Er hing sehr innig an dieser Frau, die ihm vier Töchter und zwei Söhne geschenkt hatte, von denen ihm jedoch nur eine Tochter geblieben war, Fatima, die große Frau des Islams nach ihrer Mutter. Abu Talib hatte ihn in Stammestreue geschützt, jetzt aber war Mohammed aller Feindseligkeit nahezu hilflos preisgegeben. In dieser schweren Bedrängnis suchte er überall und unter allen Möglichkeiten neue Anhänger und beging sogar die große Unvorsichtigkeit, allein in die nicht sehr entfernte Weinbaustadt Taif zu reiten, um die dort lebenden Thakif für sich zu gewinnen. Dort wurden ihm nicht nur Hohn und Spott zuteil, sondern auch tätliche Angriffe – man steinigte ihn aus der Stadt hinaus; ein mitleidiger Weinbauer rettete ihn und pflegte ihn in seinem kleinen Besitztum, verbat sich aber alle Bekehrungsversuche. Entmutigt, zerschunden kehrte Mohammed zu der immer unerträglicher werdenden Schlucht zurück.

Mohammeds Feinde, von diesem mißlungenen Versuch wie von all seinen Unternehmungen unterrichtet, glaubten nun den Augenblick gekommen, um ihn zum Widerruf seiner Irrlehre zu bewegen. Sie ließen ihm sagen, wenn er sich entschlösse, als Offenbarung eine Sure auszugeben, die al-Lāt verherrliche, und sie laut und öffentlich an der Kaaba vorzutragen, solle der Bann über den Stamm der Beni Haschim aufgehoben werden. Müde und ohne Hoffnung, allein, ohne die gewohnte geistige Stütze von Chadidja, erklärte er sich bereit und entschuldigte sein ihm niedrig erscheinendes Tun vor sich selbst damit, daß er gezwungen sei, seinem schwergeprüften Stamme zu dienen. In großer Feierlichkeit sollte das Ereignis mit einer Art Volksfest vereinigt werden. Mohammed wurde von den Angehörigen der Kuraisch ehrenvoll zur Kaaba geleitet. Er hat sich über dieses Geschehnis später in Medina selbst geäußert und wiederholt gesagt: «Ich weiß, wie dem Mörder, dem Ungläubigen zu Sinne ist, der geholt und zur Hinrichtung geleitet wird, fern von Gott und den Menschen, allein und verlassen inmitten einer Volksmasse. So war mir zumute, als man mich zur Kaaba geleitete. Erbarmen für den Mörder, der in mir war, aber darf ich nicht erflehen.»

Bei der Kaaba angelangt, stellte er sich auf, wie er gelobt hatte, und sprach diese Sure, welche heute die 53. ist: «Was meinet ihr denn von al-Lāt und al-Ussa und von al-Manat, der dritten daneben?» Das war alles. Es erschien den Kuraisch wenig, aber sie hatten gelobt, die Beni Haschim zu entbannen, und hielten ihr Wort, versprachen auch Mohammed Schutz und Bewegungsfreiheit, besonders dann, wenn ihm noch mehr solche «Offenbarungen» zuteil würden. Mohammed sagte später in Medina zu Ali, er habe damals die Kaaba berührt und ihr gelobt, sie dereinst auch von dieser Sünde zu entsühnen, und noch in seiner Todesstunde, gehalten und gestützt im schweren Fieber, betete er leise: «Erbarme dich, Allah, dessen, der einmal dich belog.»

Für den Augenblick aber, in dem dies alles in Mekka vor sich ging, war es in seiner Auswirkung von größtem Nutzen. Da sich Mohammed nun frei bewegen konnte, war es ihm auch möglich, zu der großen Herbstmesse zu gehen, um dort diejenigen zu treffen, von denen er sich Hilfe erhoffte. Unter dem Schlage seines eigenen Betruges war seine ganze Tatkraft wiedererwacht, und das Gelöbnis an die Kaaba, sie zu entsühnen, bestimmte all sein Handeln. Es war das Jahr 620. Er hatte seit Monaten heimlich Boten nach Medina-Jathrib gesandt und ersucht, die Chassadsch, neben den Auss der mächtigste Stamm in Jathrib, möchten mit ihm bei der Herbstmesse zusammentreffen. Auf seinen Karawanenreisen, die er auch während seiner Ehe ab und zu fortgesetzt hatte, war er öfters in Jathrib gewesen, und er wußte, wie es dort stand. Wenn irgendwo, dann bot sich ihm und seinen Jüngern in Medina-Jathrib ein Asyl. Und so begann schon jetzt im Geiste der große Auszug.

Medina

Jathrib, das aus einer Oase entstanden war, gelegen in einer wasserreichen Ebene des Hedschas, sah damals aus wie fast alle solche aus Palmenpflanzungen erwachsenen größeren Rastlager. Verschiedene Gehöfte der Nomaden, die sich bemühten, Bauern zu werden, gaben einen losen Zusammenhang, und die großen Wohnhöfe der Stammesoberhäupter schlossen das Ganze zusammen. Die beiden größten Araberstämme, die Chassadsch und die Auss, waren bestrebt, das ungestüme, freiheitsberauschte Nomadenblut ihrer Zugehörigen zu bändigen. Es gelang ihnen nur notdürftig, zumal auch die großen Judenstämme der Nadir und Koraisa Uneinigkeit in die angestrebte Gemeinschaft brachten. Die steten Kämpfe mit den widerspenstigen Stammesangehörigen, das unruhige Hin und Her zwischen Arabern und Juden führten schließlich dazu, daß die enge Blutbrüderschaft zwischen den Auss und den Chassadsch Einbuße litt und schließlich in offene Feindseligkeit ausartete. Die Juden waren zunächst die Leidtragenden, denn ihnen ging es stets schlecht, ganz gleich, wer gerade die Oberhand gewonnen hatte. Da kamen sie mit ihren langen und halblaut gesungenen Klageliedern und ihrer immer wiederholten Hoffnung, es werde ein Messias auftreten und sie von allem Elend befreien. «Sehr guter Gedanke!» meinten sowohl Auss als auch Chassadsch. «Auch wir werden – zwar keinen Messias, wohl aber einen Kahin rufen, damit er in unserem Streit Schiedsrichter sei!»

Das war durchaus nicht ungewöhnlich, denn die Kahin – Dichter, Erzähler, Verkünder von allerlei Wundergeschehnissen – zogen herum und waren als Schiedsrichter begehrt, da sie infolge ihrer Heimatlosigkeit parteilos blieben. Sie bedeuteten eigentlich die Dichtung an sich und auch die Pflege der arabischen Sprache, welche für alle arabischen Nomaden das Verbindende und die Heimat war. So galten die Kahin als Symbol der Heimat, Arabiens, wenn sie auch selbst heimatlos waren und bleiben mußten. Man ließ sie gewähren und schätzte sie – je nach ihrer Fähigkeit, zu fesseln, und der Kraft ihres Gedächtnisses, wie auch heute noch im gesamten Orient die Märchenerzähler nach den gleichen Gaben beurteilt werden.

In diesem ganzen Gewirr der Geschehnisse, das Jathrib keine gedeihliche Entwicklung erlaubte, hörten die Nomaden, diese Nachrichtenvermittler von Damaskus bis Aden, daß in Mekka ein großer Kahin erschienen sei, der zudem einen neuen Glauben verkünde, welcher alle Araber vereinen und nur Arabien zugehören solle. Daher beschloß man, zum nächsten Messefest, der Pilgerfahrt nach Mekka zur Kaaba und zur al-Lāt, von Jathrib Boten zu entsenden, um festzustellen, was es damit auf sich habe.

Einer der mächtigsten Chassadsch und gleicherweise einer der Auss begaben sich im Jahre 619 nach Mekka und erfuhren dort zu ihrem größten Erstaunen, daß es sich bei dem bewußten Kahin um ihren guten Bekannten Mohammed handelte. Es war das Todesjahr der «Mutter des Islams» Chadidja und des Abu Talib, aber Mohammed konnte sich noch frei bewegen, wenn auch schon argwöhnisch beobachtet. Als ihn die Botschaft erreichte, die Chassadsch und Auss aus Jathrib wünschten ihn zu sprechen, schlug er ein Treffen auf dem Akaba vor, einem Paß zwischen Medina und Mekka, wo man unbeobachtet sein würde. Die Scheiche stimmten zu, ohne zu ahnen, daß sie und ihre Streitigkeiten Geschichte machen und den Grund zur Umwandlung Arabistans legen sollten. Es heißt, daß sich Mohammed bei diesem Treffen scharf verwahrte, als Kahin angesehen zu werden. Er tat das nicht aus Eitelkeit oder Rechthaberei; ihm erschien es vielmehr als frevlerische Herabsetzung seiner göttlichen Sendung, mit wandernden Erzählern auf eine Stufe gestellt zu werden, mochten sie es auch noch so ehrlich meinen. Jedenfalls hatte dieses erste von drei Treffen am Akaba-Paß schon den Erfolg, daß vier Chassadsch als Bekehrte nach Jathrib zurückkehrten. Um diesen Erfolg zu festigen, schickte Mohammed kurz danach seinen aus Abessinien zurückgekommenen Anhänger Musab nach Jathrib, wo er die Lehre des Islams predigen und verbreiten sollte. Der Versuch gelang so gut, daß die neue Lehre von den Oberhäuptern der Chassadsch und Auss fast ausnahmslos angenommen wurde, nicht zuletzt, um auf diese Art die Juden noch weiter zu vereinsamen.

Im folgenden Jahre, 620, kamen schon siebzig Männer aus Jathrib, um sich mit Mohammed insgeheim am Akaba zu treffen. Der Islam wirkte auf alle diese aus dem Nomadenleben hervorgehenden Gemeinschaften so stark, ja berauschend, weil ihnen darin ein nur den Arabern gehörender Glaube, ein nur ihnen geneigter Gott gezeigt ward. Die leidenschaftliche Anhänglichkeit dem Stamm gegenüber, die dem Nomaden bisher den Heimatbegriff ersetzt hatte, die strengen arabischen Ehrbegriffe, die eine Hilfsbereitschaft bis zum äußersten auslösten, alles dies hatte der tief arabisch denkende und fühlende Mohammed in seine Glaubenslehre verpflanzt. Er hatte das gewaltige Wagnis unternommen, in dieser Lehre vom mächtigen arabischen Allah eine allen gehörende Geschlossenheit zu schaffen und auf diese Weise eine allgemeine Zusammengehörigkeit ins Leben zu rufen. Das war es. Das war das tiefste Geheimnis der Wirkung des Islams, dessen Verbreitung schon vor Mohammeds Eintreffen in Jathrib wie ein heimlich schwelendes Lauffeuer kenntlich ward. Viele von denen, die nach Abessinien geflohen waren, kehrten zurück, gerufen, um sich in Jathrib niederzulassen. Dort geschah es innerhalb dieser drei Jahre von 619 bis 622, jeweils von Sommer zu Sommer, von Pilgerfest – oder Mekka-Messe – zu Pilgerfest, daß sich der Islam der ganzen Gemeinschaft bemächtigte und durch Karawanen, auf deren großem Weg die Siedlung lag, weitergetragen wurde.

Noch immer erwartete man Mohammed in Jathrib als Schiedsrichter, vielmehr als Friedensstifter, aber nicht mehr gleich einem Kahin, sondern als den Verbreiter einer neuen Lehre, unter der sogar ganz Arabistan eins sein würde. Mochte dann Mekka folgen, es würde sich trotz der Übermacht der Kuraisch und ihrer Feindseligkeit nicht lange wehren können. So schwelte das Kleinfeuer der Feindschaften zwischen den Stämmen und den Juden zwar noch weiter, aber unter dem Einfluß der abessinischen Muhadschirun, der Flüchtlinge, der Ausgewanderten, der Prediger, galt die Hauptanteilnahme mehr und mehr dem Islam.

So hatte sich der Prophet bereits einen kleinen Machtbereich geschaffen, während er noch in Mekka verfolgt und geplagt wurde. Seine tiefe Anhänglichkeit an seine Heimatstadt ließ ihn immer noch, bis zuletzt noch, glauben und hoffen, er werde sie zu sich bekehren. Erst als er seinen Irrtum eingesehen hatte, was wohl im Frühjahr 622 der Fall gewesen sein mag, begann er in aller Ruhe die Auswanderung vorzubereiten. Wie stets war er auch jetzt zunächst um seine Anhänger besorgt. Er trachtete, sie nach und nach fortzusenden. Zu spät erkannten die Kuraisch, was hier geschah; denn sie hatten sich von der Erwägung leiten lassen, daß die davonziehenden Stammesgemeinschaften sommerliche Weideplätze für ihre Herden suchten, was sehr häufig der Fall zu sein pflegte. Kaum waren sie sich bewußt geworden, daß es sich um geheime Machenschaften des verhaßten Mohammed handelte, als sie neuerlich den Plan faßten, den verderblichen Kahin zu töten. Doch auch diesmal arbeitete Alis Späherschaft besser als die der Kuraisch. Es gelang ihm, Abu Bekr und Mohammed mit einem Vorsprung von wenigen Stunden durch die weiten Gesindegänge des Hauses der toten Chadidja ins Freie zu schmuggeln, und abermals legte er sich, mit Mohammeds Mantel bedeckt, auf dessen Lager nieder, um zu warten, bis die Häscher kämen. Nur noch zwei Sklaven waren im Hause, und sie wurden beauftragt, die Leute der Kuraisch sogleich zu Mohammeds Gemach zu führen. So geschah es, und ihren Zorn über die Enttäuschung suchten die Kuraisch dadurch zu kühlen, daß sie Ali gefangensetzten. Lange hielten sie ihn nicht fest, denn es entsprach nicht dem arabischen Ehrbegriff, den Schuldlosen anstelle des Schuldigen zu strafen, und so konnte Ali vier Tage später seinem geliebten und bewunderten Oheim Mohammed folgen.

Der Prophet hatte sich indessen zusammen mit Abu Bekr in einer Höhle des Berges Thaur versteckt, in deren Tiefen seit Wochen die schnellen Kamele für eine vielleicht notwendige Flucht verborgen waren. Sie warteten zwei Tage und ritten dann in der dritten Nacht auf ihren Reittieren davon, «getragen von dem niemals versagenden Atem der Rennkamele, als flögen sie auf einer eilenden Regenwolke dahin».

Eines dieser Rennkamele ließen sie in der Höhle für Ali zurück, so daß er, als er von den Dienern der Kuraisch schimpflich aus dem Tore Mekkas gestoßen wurde, um, wie sie hofften, draußen elend zu verkommen, noch in derselben Nacht den Vorangezogenen folgen konnte. Mohammed und Abu Bekr warteten auf den getreuen Ali in Kuba, einem Vorort von Jathrib, wo sie sich fünf Tage lang aufhielten, bis er bei ihnen eintraf und sie gemeinsam weiterziehen konnten.

Es war im Frühherbst 622 – manche sagen August, andere September –, daß Mohammed in Jathrib einzog. Sowohl die Chassadsch als auch die Auss hatten ihm Asyl angeboten, und um keinen von ihnen zu kränken, ließ Mohammed, als er in Jathrib einritt, die Zügel auf den Hals seines Kamels fallen. «Führe du mich, du Schnelle, du Sichere, und wo du dich niederlegst, dort will ich bleiben», sagte er. Das Kamel ließ sich im Hofraum der Chassadsch nieder, und so blieb Mohammed zunächst dort, bis er sich mit der Hilfe seiner Anhänger in Jathrib ein eigenes Haus gebaut hatte. Er bestand darauf, an allem mitzuarbeiten, und er wußte genau, was er damit tat. Die um ihn waren, hatten um seinetwillen nicht nur ihren Besitz, sondern auch die Stammeszugehörigkeit, die Heimat aufgegeben. Mehr vermochte ein Araber nicht zu opfern. So wollte er ihnen zeigen, daß sie alle gemeinsam verloren hätten, um gemeinsam zu gewinnen, so war er wieder ganz ihr Freund und Bruder. Er hatte seine Vermögenswerte in Mekka schon seit zwei Jahren langsam und vorsichtig gelöst und konnte so für das Material zahlen, das zum Aufbau gebraucht wurde.

Zunächst wurde um einen großen Bezirk, den ihm die Chassadsch überlassen hatten, eine starke Mauer aus Backstein errichtet, nach Art und Gewohnheit eines Karawanen-Serails. Innerhalb der Mauer wurden, an sie gelehnt, aus Holz gefertigte Räumlichkeiten erstellt und auf der sehr breiten Mauerkrone eine Galerie gebaut, die als

Umgang und zugleich als weit in den Hofraum hineinragendes Dach diente. Auf diese Weise entstand ein sonnengeschützter Platz innerhalb der Mauer, in dessen Schatten man sich tagsüber aufhalten konnte. In diesem weiten Hofraum hielt Mohammed zu Beginn die täglichen Gebete ab, anfangs, wie in Mekka, nur zwei täglich: eines bei Sonnenaufgang, eines bei Sonnenuntergang. Damals versuchte Mohammed noch immer, mit den Juden eine gewisse Bindung herzustellen, in der Hoffnung, die monotheistische Richtung ihres Glaubens mit der des seinen, wenn auch nur äußerlich, zu vereinigen. Aus diesem Grunde paßte er verschiedene von ihm neu eingeführte Verehrungsformen dem Ritual der Juden an, so zunächst die Anzahl der Gebete, die er dann aber auf drei – eines zur Mittagsstunde – erhöhte, sowie die Fastenzeiten, von denen er den Aschuratag, den 10. Muharem, einen jüdischen Fastentag, in seine Verordnung mit übernahm. Er scheint damals nicht nur geglaubt zu haben, daß die gemeinsame monotheistische Verehrungsform ein äußerliches Bündnis der beiden Bekenntnisse ermöglichen würde, sondern daß er auch die ihm anvertraute Friedensstifter-Tätigkeit durch eine Vereinigung mit dem Judentum fördern würde. Das war ein ebenso verhängnisvoller wie tiefgreifender Irrtum, dessen Folgen noch in der heutigen Einstellung des Islams zum Judentum zu erkennen und zu beklagen sind.

Die Juden haben sich von Anbeginn gegen die fast oberhoheitliche Stellung Mohammeds gewehrt und versucht, ihn in allem lächerlich erscheinen zu lassen. Ihrer Ansicht und Auffassung nach konnte das am besten geschehen, wenn sie nachwiesen, wie ungebildet der ärmliche Mekkaner war, der sich sogar vermaß, ihre volkseigenen Erzählungen in veränderter Art unter seine sogenannten Offenbarungen aufzunehmen. Ihrer ganzen Wesenheit nach konnten die Juden nur hierin einen Angriffspunkt sehen gegen einen, der sich sogar herausnahm, ihnen ein Zusammengehen mit seiner neuen und ganz unwerten Lehre zuzumuten, ihnen, hinter denen Jahrhunderte der Glaubensfestigkeit standen. Jedesmal wenn Mohammed einen ihrer Vorsteher aufsuchte oder gar zu sich bat, wurde er aufs schärfste nach seinen «Quellen» gefragt, aus denen er seine Glaubenssätze und frommen Berichte schöpfte. Die Juden brachten ihre Schriften mit und bewiesen ihm seine Irrtümer mit der Wiedergabe der Erzählungen aus dem Alten Testament, wobei sie sich besonders über die von Mohammed in der 12. Sure behandelte Geschichte von Joseph aufregten, die in ihrer Lockerung und reizvollen Darstellung allerdings stark von der jüdischen abweicht. Mohammed vermochte immer wieder nur das gleiche zu antworten, daß er nämlich keine anderen «Quellen» habe als seine Offenbarungen, und daß er weder schreiben noch lesen könne, so daß es ihm unmöglich sei, sich mit ihren Schriften zu beschäftigen. Er meine, so sagte er, daß Worte, aus dem Munde von Gottes Engel vernommen, Quelle genug seien; außerdem vermute er, daß ihr großer Prophet, Moses, von ihnen niemals genug gewürdigt worden sei. Auch er sei ein Bote Gottes gewesen, und auch ihm hätten sie nicht gehorcht, wie es geschehen müsse, wenn Menschen gewürdigt seien, etwas von Gott unmittelbar zu vernehmen.

Es ist verständlich, daß solche Reden nicht dazu angetan waren, die Juden versöhnlicher zu stimmen, und es half auch nicht, daß sich die ersten in Medina offenbarten Suren viel mit der Gleichheit ihrer und der islamischen Gottschau beschäftigten.

Bald änderte der Prophet diesen versöhnlichen, ja, brüderlichen Ton und wies in den Medinenser Offenbarungen darauf hin, daß mit Ungläubigen über Gott zu sprechen,

MAHOMET
Inventeur de l'Alcoran et de la Secte Turquesque
il étoit Arabe de Nation et naquit le 5.e May l'an
570. Son Pere étoit ... Payen sa a Mere Juifve.

Se vend à Paris chez E. Desrochers rüe du Foin pres la rüe S.t Iacque.

«Der wahre Reichtum ...

... kommt nicht vom vielen Vermögen, sondern der wahre Reichtum ist die Zufriedenheit des Innern», spricht der Prophet.

Wir sagen profaner: «Geld macht nicht glücklich, aber es beruhigt» – eine Erfahrung, die wohl überall auf der Welt gemacht worden ist.

Verrat an Gott bedeute. Es war die Kriegserklärung an die Juden, die er allerdings vorläufig nur im Inhalt der neuen Suren erkennen ließ. Als Oberhaupt der Medinenser, zu dem er sich langsam, aber folgerichtig emporarbeitete, bezog er die Juden noch in das Gemeinwesen ein, zumal er seine Aufgabe des allgemeinen Friedenstiftens sonst nicht hätte lösen können.

Er war jetzt von einer Leibwache umgeben, denn die Männer, die bei der Auswanderung keinen Besitz hatten retten können oder der Armut, ja dem Sklaventum zugehörten, wohnten bei ihm in seinem großen Hoflager und erhöhten sein Ansehen durch ihre Gefolgschaft. In der Mitte des großen Hofes ließ Mohammed bald ein Zelt errichten, in welchem er Leute empfing, die mit besonderen Anliegen zu ihm kamen. Zunächst noch war es einfach hergestellt, aus Ziegenhaar, das allen Witterungseinflüssen am besten standhält.

Aber an diesem Zelt konnte man das Wachsen von Macht und Ansehen des Propheten deutlich verfolgen. Die ersten zwei Jahre nach der Hedschra stand es noch schlicht da, dann begann es langsam sich zu schmücken, innen und außen reich und prächtig zu werden: das Zelt des Herrschers und Propheten Mohammed. Und wie sich das Zelt wandelte, so auch der Prophet selbst. Der Beni Haschim verschwand mehr und mehr, den Gatten der Chadidja gab es nicht mehr. Mohammed hatte während seiner Ehe mit der Mutter des Islams ihr streng die Treue gehalten, eine Tatsache, die damals ebenso oft bewundernd wie höhnend hervorgehoben wurde. Dieses dem Orientalen fremdartig erscheinende Verhalten mag daraus zu erklären sein, daß dem jungen Mohammed die ihm auferlegte Gottesnähe drückend erschien und ihn zugleich ganz in Anspruch nahm. Er mochte sich schwer in alles finden, was ihm an Geheimnisvollem geschah, und es heißt, er habe Chadidja oftmals angefleht, ihn zu verhüllen mit Mantel und Schleier, damit ihn das Licht der Hand des Engels nicht versenge. So heißt die Sure 88 «Die Bedeckende» und ruft durch des Engels Stimme den «Bedeckten» an.

Alles dieses, allzuviel für einen Menschen, machte aus dem Beni Haschim so etwas wie einen Schwärmer, der die Menschen floh und sich in seiner hilflosen Verwirrung an eine starke Frau klammerte. Als sie ihn dann verlassen hatte, als er allein für sich einstehen mußte, versagte er zunächst, wie sein teilweises Bekenntnis zu al-Lāt beweist. Und danach galt es, sich Anhänger zu schaffen, sie an sich zu ketten, damit sie sicher wußten, daß für sie alle nur ein gemeinsamer Untergang möglich war. Um das zu erreichen, wählte der kluge Kaufmann den Ausweg der Zweckheiraten. Nahezu ein Jahr nach Chadidjas Tod heiratete er Haifa, die Tochter eines sehr reichen, aber etwas unsicheren Anhängers, und er verlobte sich zugleich mit Aïscha, der Tochter Abu Bekrs, die zu der Zeit erst neun Jahre zählte. Er versprach außerdem der Schwester Omars die Ehe und hatte solcherart eine gesicherte Verwandtschaft um sich versammelt. Damals erließ er schon die Verfügungen, die das Ehe- und Frauenleben ordneten und in der zweiten Hälfte der vierten Sure «Die Weiber» niedergelegt sind. Aber gerade durch diese Verordnungen schuf sich Mohammed die meisten Feinde, denn darin wurde die Vereinigung mit verwandten Frauen verboten und die Ehe insofern geregelt, als dem Gläubigen zwar vier Frauen gestattet waren, er aber jeder von ihnen den gleichen Unterhalt, gleiche Kleidung und Schmuck, gleiche Dienerschaft beschaffen und zudem – darauf wurde sehr viel Gewicht gelegt – jeder die gleiche liebende Aufmerksamkeit angedeihen lassen mußte. Als der Prophet die Stellung eines Herrschers in Medina einnahm, unterwarf er sich diesen

Verordnungen selbst und vernachlässigte niemals eine seiner Frauen.

Es ist behauptet worden, infolge dieser genauen Befolgung der eigenen Verordnungen sei er früher gestorben, als es sonst der Fall gewesen wäre; aber auch das dürfte eine der zahlreichen Böswilligkeiten sein, mit denen man das Bild Mohammeds immer zu entstellen versucht hat. Es steht jedenfalls einwandfrei fest, daß Mohammed an der im Hedschas sehr häufig auftretenden Malaria starb und bis zu seiner Erkrankung ein schöner, starker und gesunder Mann war.

Doch kehren wir zur veränderten Lebensweise des Propheten zurück, die einsetzte, als er der Herr Medinas wurde. Dort gehörte es zu den Erfordernissen des Herrscherlebens, zahlreiche Frauen zu haben, viele Diener, die aber bei ihm nicht Sklaven waren, um freigebig zu sein. Um die letztgenannte Verpflichtung zu erfüllen, gab es nur eine einzige Möglichkeit, die hieß: Raub. Da Medina an der großen Karawanenstraße von Syrien nach Jemen lag, galt es nur aufzupassen, wann eine nicht zu stark geschützte Karawane vorbeizog, um wieder für einige Zeit aller Sorgen enthoben zu sein. Das Raubrittertum war zu jener Zeit eine international gebilligte, durchaus ehrenwerte Betätigung, und bei der Beurteilung kam es nur darauf an, ob die Angreifer zahlreich waren oder aus zwei, drei Schnappsäcken bestanden; im ersten Falle war der Angreifer ein Raubritter, im zweiten ein gewöhnlicher Räuber. Das war überall so und wurde in Medina als Selbstverständlichkeit angesehen. Je nach diesen Erfolgen war Mohammeds Empfangszelt in der Mitte seines Hofraumes mehr oder weniger prächtig ausgestattet mit Teppichen, Stickereien, getriebenen Geräten und allerlei Kostbarkeiten. All das bedeutete den rechtmäßigen Anteil des Herrschers; seine Leute aber hatten reichlichen Anteil an der jeweiligen Beute, und waren alle zufrieden, zumal es galt, sich für den Angriff der Kuraisch auf Mekka, der mit Gewißheit zu erwarten war, einen sicheren Besitz zu schaffen.

Zwei Jahre lang ließen sie Mohammed Zeit, und er nutzte sie, seine Herrschaft zu festigen. Es gelang ihm auch, einen Vertrag aufzusetzen, der die Beziehungen zwischen den Stämmen von Jathrib und den Juden regelte, wenigstens für einige Zeit. Dieser Vertrag ist vorhanden und beweist die klare und ruhige Sicht dessen, der im Begriff war, einen Staat zu gründen. Darin wird festgelegt, daß in allen Dingen die Gläubigen maßgebend sind. Jedes Fehderecht der Stämme untereinander wird aufgehoben. Der Mörder verfällt der Blutrache, und niemand darf für ihn Partei nehmen. Gegen äußere Feinde stehen alle zusammen, aber die Juden haben nur die Kriegskosten zu zahlen und nehmen nicht am Kampf teil. Es ist ein hochbemerkenswertes Dokument in seiner Kürze und Schlichtheit und stellt klar dar, was Mohammed unter Friedenstiften verstanden hat.

Dieser Vertrag war wirkungsvoll und überbrückte die zwei Jahre der Entwicklung zum Staatswesen.

Sehr zu beachten waren auch Einrichtungen wie der Gebetsruf; daß Mohammed dazu die menschliche Stimme, die gewaltige des starken Negers Zaid, verwandte, erregte bei den wenigen in Medina hausenden Christen ebensolche Entrüstung wie bei den Juden. Die Juden benutzten zum Gebetsruf am Sonnabend Posaunen, die Christen zum Gottesdienst am Sonntag Holzklappern, sogenannte Semanterien, die heute noch in römisch-katholischen Gegenden während der Passionszeit, in der die Glocken schweigen müssen, verwendet werden. Da kam Mohammed, setzte den Freitag als seinen Feiertag fest und ließ Zaid zum Gebet rufen, im Namen Allahs und seines Boten; dreimal am Tage erscholl der Gebetsruf, nach weiteren zwei Jahren wurde das fünfmalige Gebet angeordnet. Sowohl bei Christen als auch bei Juden erregte es Ärgernis, daß der Prophet am Feiertag, am Freitag, jede Art von Arbeit erlaubte. Das geschah hauptsächlich als Beweis der Verneinung jüdischen Brauches, dessen Starre Mohammed von jeher mißachtet hatte.

Jedoch ist an dieser ersten Zeit in Medina alles äußere Geschehen viel weniger bemerkenswert als die völlige Wandlung eines Menschen. Man könnte Geschichten schreiben über Mohammed von Mekka und Mohammed von Medina, und die Annahme, es handle sich um zwei verschiedene Menschen, wäre durchaus berechtigt. Dabei ist das erstaunliche, daß es nicht etwa ein Machtrausch war, der Mohammed ergriff, kein leichter Cäsarenwahn – o nein, er blieb ganz der Freund und Bruder, blieb der Bescheidene, verlangte keineswegs, die Gebete immer selbst zu leiten, sondern ließ andern den Vorrang. Scharf unterschied er zwischen dem Menschen Mohammed, seinem einfachen Ich, das er niemals überhöhte, und dem Boten Gottes, den er nicht hoch genug stellen konnte. Das darf man niemals vergessen: Er sah sich als einen einfachen Menschen an, nicht einmal gleich einem der zahlreichen heiligen Männer, die einsam in der Wüste ihren Betrachtungen lebten. Ein Mensch und ein Mann, mit allen Fehlern und möglichen Vorzügen eines solchen – so sah er sich. Wenn ihm jedoch eine Offenbarung wurde, dann wußte er, nicht Mohammed war es, der mit seinem Munde sprach, sondern der Bote, der Gesandte Gottes. Da gab es kein Deuteln und Zweifeln, da war jedes Wort Wahrheit.

Aber unter dem Druck der Gemeinschaft, die von ihm Befriedung und Leitung verlangte, wurde der Fürst, der Kämpfer geboren und unter dem Druck des jüdischen Widerstandes der Eiferer. Ganz abseits standen dabei die

Christen, die meist byzantinische Flüchtlinge waren. Mohammed ließ sie unbehelligt, und sie ließen ihn in Ruhe. Sein Streben und Sehnen richtete sich auf die Kaaba. Niemals hatte er sie aufgegeben, und sein stetes Ziel war es, sie für die Gläubigen als Heiligtum zu erobern. Er schuf sich zu diesem Behufe einen Zusammenhang mit Abraham, der neben dem großen Moses auch ein Verehrungswürdiger war. Mohammed stellte fest, die Kaaba sei vom verehrungswürdigen Abraham zu Ehren seines Sohnes Ismael errichtet worden, nachdem er den vom Himmel gefallenen Stein auf geheimnisvolle Art gefunden habe. Zum Beweise, daß es ein geweihter Stein sei, habe der Engel Gabriel – eben jener, der Mohammed die Offenbarungen vermittelte – für eines Gedankens Dauer seinen Fuß darauf ruhen lassen, als Abraham den Stein aufstellte, und einen Eindruck hervorgerufen, den man heute noch erkenne. Falsch sei die Behauptung, daß es sich um die Hand der al-Lāt handle, die sich darauf gestützt habe, um den Stein als ihr Eigentum zu bezeichnen. Viele Jahrhunderte lang sei der durch Gabriel geweihte Stein nun entheiligt worden, und es obliege ihnen, den Gläubigen, ihn seinen rechtmäßigen Besitzern zurückzugeben, den Söhnen Ismaels, den Söhnen der Wüste: Arabistans.

Hier erklang zum ersten Male ein nationaler Anruf. Hier wurde zum ersten Male ein Anspruch erhoben, der sich auf die seit jeher anerkannte Abstammung von Abrahams verstoßenem Sohn Ismael, dem Sohne der Hagar, gründete. Hier wurde zum ersten Male der Glaube zur nationalen Angelegenheit erklärt. Damit zeigte Mohammed deutlich, was sein Ziel war: die Kaaba als Symbol der großen Gemeinschaft aller arabischen Stämme in die Hand der Gläubigen zu geben und ihnen so die Oberhoheit über diese große Gemeinschaft zu sichern. «Tod den Ungläubigen – Sieg den Gläubigen!» hieß es hier zum ersten Male.

Man bedenke, was dies alles bedeutete. Da gab es ein großes, kaum übersehbares Gebiet, spärlich bevölkert mit Niederlassungen von Hirten und Bauern, die sich um Oasen drängten. Da waren die größeren Hofwohnungen, die Karawanenserails der wenigen reichen Stämme; da befanden sich am Roten Meer einige notfalls als Städte anzusprechende Karawanen-Umschlagsplätze. Da waren die Beduinen verschiedenster Prägung, allen Siedlern feindlich, und ebenso die Nomaden. Nur die strengen Stammesgesetze, die über Ehre und Recht wachten, verbanden diese ganze Buntheit. Aber sie ließen sich lediglich auf den Stammeszugehörigen anwenden, der sich im Zweifelsfalle in harter Feindschaft zum Nachbarstamm befand. Schande bedeutete es, aus dem Stamme ausgestoßen zu werden – eine Schande, die viele Anhänger Mohammeds auf sich genommen hatten, als sie aus Mekka auswanderten. Diesen Verbannten neue Sicherheit zu geben, auch das war eine Aufgabe des Propheten, wie es ihm selbst ein Anliegen bedeutete, sich die geliebte Heimat zurückzuerobern.

In diese Gesamtlage muß man sich versetzen, um sich ein Bild davon machen zu können, was hier von einem einzelnen genialen Menschen unternommen wurde; es war nicht mehr und nicht weniger als die Unterjochung der Wüste und ihrer Menschen – im Namen Allahs. Dies war die Kraft, die hinter ihm stand: sein fester Glaube an seinen Auftrag als Bote Gottes für Arabien und nur für Arabien. Wenigstens zuerst. Was sich aus all dem entwickelte, ist später zu betrachten. Vorläufig galt alles Arabien und nur Arabien. Vorläufig waren «die Ungläubigen» die Mekkaner, die Kuraisch und niemand sonst. Nicht die Christen, nicht die Juden, nein, die Mekkaner. Sie und ihre ihm geheiligte Stadt, die er liebte, sich und Allah zu erobern, das war damals Mohammeds Ziel, nur dieses.

Er hat zu dieser Zeit einen aufregend wichtigen Beweis seiner Gesinnung gegeben. Wie bekannt herrschte während der Pilgermonate in Mekka und ganz Syrien allgemeiner Gottesfrieden, um trotz der steten Feindseligkeiten der Stämme untereinander die Handelsbeziehungen pflegen zu können. Während dieses Gottesfriedens war es Mohammed ja in den Jahren 619, 620 und 621 möglich gewesen, die Stämme aus Jathrib in Mekka beim Messefest zu treffen. Es war in einer solchen Zeit des Gottesfriedens im zweiten Medina-Jahr, daß Kundschafter meldeten, eine reich beladene Karawane komme aus der syrischen Richtung daher und gehöre, wie an der Begleitung ersichtlich sei, nach Mekka. Wegen des Gottesfriedens zog die bewaffnete Begleitung sorglos dahin, und es wäre für die aus Medina ausbrechende Schar fast eine Kleinigkeit gewesen, die Karawane auszuplündern, die Kamele zu behalten und die gesamte Mannschaft, Händler, Geleit, Kamelführer, mit Hohn und Spott zu Fuß auf den weiten Weg nach Mekka zu senden. «Ungläubige! Jede Handlung, begangen an Ungläubigen, ist gerecht und gottgewollt», so hieß es ja, und man wäre glücklich gewesen, wieder einmal von der härtesten Not befreit zu sein. Mohammed aber verbot den Bruch des uralten Herkommens und ließ die reiche Karawane, diese leichte Beute, unbehelligt ihres Weges ziehen.

Inzwischen entwickelten sich die Dinge folgerichtig weiter.

Badr

Zunächst handelte es sich wiederum nur um einen Raub-
ritterzug, aber diesmal waren diejenigen, die ihn unter-
nahmen, sich seiner Gefahr und Wichtigkeit voll bewußt.
Boten meldeten, es nahe eine große syrische Karawane,
und ihr Führer sei Abu Sophian, der mächtige Kuraisch.
Daß der stolze Stammesoberste selbst eine Karawane
führte, hatte seinen Grund darin, daß fast alle mekkanischen Firmen daran beteiligt waren; der größte Teil des
kaufmännischen Kapitals der alten Handelsstadt stak in
den mitgeführten Waren. Der stolze Omaijade, der größte
Feind des Beni Haschim, dem Mohammed alle Verfolgungen und Demütigungen zu verdanken hatte, führte fast das
gesamte Handelsvermögen Mekkas mit sich. Welche Lok-
kung! Konnte der Kämpfer Mohammed, konnte der verfolgte Beni Haschim dem widerstehen? Das war undenk-
bar. So rief er denn Freiwillige auf, legte ihnen die Gefahr
dar und fragte sie, ob sie willens seien, mit ihm zu kommen. Seine starke Überzeugungskraft, seine große Macht
über Wort und Gebärde bewirkten, daß sich dreihundert
Mann meldeten, mit denen er auszog.

   Indessen aber hatte Abu Sophian durch Späher erfahren, daß Mohammed einen Überfall auf die Karawane
plante, und war von der üblichen Inland-Straße nach dem
Meere zu abgewichen; schon hatte er unter geschickter
Umgehung Medinas den kleinen Ort Badr hinter sich ge-

lassen, nachdem er dessen gutes und reines Wasser zum Tränken seiner Kamele benutzt hatte. Jenseits des Ortes wartete er auf die Verstärkung von Mekka her, die er durch Boten auf Rennkamelen angefordert hatte – gegen Mohammed, den er nur noch einen Straßenräuber nannte. Mohammed zog mit seinen Dreihundert zu Fuß auf Badr zu, da seine Späher ihm diesen Platz als besten Treffpunkt genannt hatten. Eine kleine Erhöhung, fast nur eine feste Düne, erlaubte von Badr aus die freie Sicht weit über Abbwa und Dschidda hin nach Mekka. Bei Abbwa hielt Abu Sophian und wartete, was geschehen würde. Weit, weit in Ebene und Wüste hinaus war zu erkennen, daß nahezu ganz Mekka ausgezogen war, um nicht nur dem mächtigen Omaijaden zu Hilfe zu eilen, nicht nur die Waren zu retten, sondern auch den verhaßten Mohammed ein für allemal zu erledigen. Aus diesem Grunde wartete Abu Sophian, ehe er seinerseits die kleine Schar angriff – er wollte der völligen Vernichtung der Leute aus Jathrib sicher sein.

So kam es zur Schlacht von Badr; es war keine große Schlacht, aber ihre Bedeutung als Symbol für den Islam kann gar nicht hoch genug eingeschätzt werden.

Auf der Höhe von Badr stand Mohammed mit seinen Männern. Sie sahen die Mekkaner nicht nur kommen, sondern hörten sie auch in der weittragenden Wüstenluft. Es war damals in Arabien üblich, daß ein solcher Auszug auch bei den längst Ansässigen plötzlich das alte Nomadenblut wieder erwachen ließ, und daß man selbst bei so geringen Entfernungen alles mitnahm, was einem gehörte. Voran auf Pferden und Kamelen ritten die waffentragenden Männer; neben ihnen zog ein Teil der Musik und vollführte mit Trommeln, Querpfeifen, Zimbeln und Gesang einen erschreckenden Lärm. Den Reitern folgten die Frauen, die Sklaven und Sklavinnen mit Kindern und Vorräten; ganz zuletzt kamen die Maulesel, denen die Zelte und Wasserkrüge aufgeladen waren; die Kinder verteilten sich zwischen Sklaven und Mauleseln, und auch die Musik wechselte stets ihren Platz. Ein derartiger Zug war meilenweit zu hören, längst bevor die mächtige Staubwolke, die ihn begleitete, zu sehen war. Die große Verwirrung wurde in diesem Fall noch beängstigender, weil sich die Leute des Abu Sophian nunmehr mit ihren Tieren in Bewegung setzten, um sich mit dem großen Zug aus der Heimatstadt zu vereinigen.

Starr vor Schrecken, von Angst und Entsetzen erfüllt, sahen die Männer Mohammeds diese Menge, die ihnen entgegenzog, um sie zu vernichten. Einer nach dem anderen kam zu Mohammed, der schweigend und in Gedanken versunken allein vor ihnen stand und dem Herannahenden entgegenblickte. «Herr, es ist unmöglich! Gehen wir nach Jathrib zurück, solange wir es noch vermögen. Sie werden uns vernichten!» sagte der eine. Mohammed schwieg. Ein anderer kam herbei. «Herr, willst du alles, was wir erreicht haben, vernichten lassen um dieses Omaijaden willen? Laß ihn ziehen, und kehren wir heim.» Mohammed schwieg. Kam ein dritter: «Herr, besser ist es, klug zu sein, als tollkühn. Es bedeutet nicht Mut, sich der Übermacht entgegenzuwerfen.»

Mohammed wandte sich um, und seine Männer sahen erstaunt, daß er lachte. «Übermacht sagt ihr? Diese Horden dort mit ihren Weibern, Kindern und Tieren nennt ihr stärker als die Engel, ihr Kleingläubigen, ihr Ärmlichen? Sagt, seht ihr sie stärker als die Engel? So redet doch endlich, gebt Antwort!»

Ängstlich sagte einer der Ältesten: «Engel, Herr? Wo sind denn Engel?»

Mohammed lachte jetzt laut, freudig, siegesgewiß; er griff in den Wüstensand ihm zu Füßen, füllte seine Hände damit, warf ihn hoch; die weiten Ärmel seines Gewandes flogen, der Sand flog, und er rief mit weittragender Stimme: «Seht die Flügel der Engel! Seht ihr sie wohl, die Flügel der Engel, die mit uns sind?! Folgt den Engeln, kämpft unter ihren Fittichen – Meleklerin Kanadlan! – Kommt – wartet nicht – kommt!»

Er selbst lief voran, und alle Dreihundert, mochten sie vorher noch so ängstlich und besorgt gewesen sein, folgten ihm lachend, jauchzend, liefen, ihre Schwerter in der Sonne schwingend, dem Zuge entgegen. Zum ersten Male in der Weltgeschichte ertönte der furchtbare, der erschütternde Schlachtruf des Islams, erklang aus dem Munde des voranlaufenden Mohammed, aus den Kehlen derer, die mit ihm liefen: «Yah Allah – Yah Mohammed – Yah Islam!» Sie riefen es laut, langgezogen, wieder und wieder.

Und es geschah das Wunder: Der Geist besiegte das, was reale Macht zu nennen war. Die gewaltige Begeisterung der Dreihundert, ihr lachendes Laufen, die fremdartigen und erschreckenden jauchzenden Rufe wirkten so gewaltig, daß sich die Mekkaner und die Leute Abu Sophians entsetzt abkehrten, in ihren Burnus hüllten und unter dem Geschrei: «Yah Dschihin!» – Die Dschinnen sind es! – zur Flucht wandten.

Mohammeds Männer erreichten ihrer viele noch, erschlugen die durch abergläubischen Schrecken nahezu Wehrlosen, machten reiche Beute und kehrten nach Jathrib zurück, nur einige Verwundete mit sich führend.

Mohammed hatte damit nicht nur einen Sieg erfochten, sondern sich in Jathrib eine unangreifbare Stellung geschaffen. Es gab keinen einzigen Ungläubigen mehr, der sich nicht zum Islam bekannt hätte, und wenn darunter auch manche waren, die es nur aus Nützlichkeitsgründen taten, so befestigten sie doch die Stellung des Propheten. Aber mehr noch als die Mekkaner hatten die Juden in Jathrib diesen Sieg zu beklagen. Sie mußten nicht nur, wie vertraglich vereinbart, die gesamten Kosten bezahlen, sondern es sich auch gefallen lassen, daß ein an den Haaren herbeigezogener Streitfall die Abschließung in ihren Vierteln zur Folge hatte. Strafweise wurde dann ihr ganzes Hab und Gut eingezogen, und so begann schon hier die Entrechtung und spätere Vertreibung der Juden.

Das war Badr, die erste, die große Schlacht des Islams, die, so klein sie auch war, unermeßliche Folgen hatte.

Die Mekkaner begriffen endlich, mit wem sie es in Mohammed zu tun hatten, und sahen ihn als ihren großen, ihren einzigen Feind an. Sie schlossen Bündnisse mit Beduinen, auch mit den Thakif aus Taif, die seinerzeit Mohammed mit Steinwürfen vertrieben hatten. Es bildete sich im Jahre 627 ein großes Heer von mehr als 10 000 Mann, um den lästigen Beni Haschim, der fortfuhr den Karawanenhandel zu stören, endgültig zu vernichten. Jetzt sollte der Verworfene und alles, was er befehligte, ausgerottet werden. Siegesgewiß rückten die 10 000 an, aber sie trafen auf etwas, das es in dieser Gegend noch nie gegeben hatte: einen Grabenkrieg. Es heißt, ein Perser im Dienste Mohammeds, ein ehemaliger Sklave namens Ssalman, habe den Rat gegeben, an der einzigen ungeschützten Seite der Stadt einen Graben aufzuwerfen. Vor diesem Graben lagen die Mekkaner nun Woche um Woche, Monat um Monat, bis ihre Reittiere eingingen und ihre Vorräte aufgezehrt waren. Nacheinander machten sich die verbündeten Beduinenstämme heimlich davon, bis nur noch 4000 Kuraisch aus Mekka übrigblieben. Sie versuchten, mit dem Judenstamm ins Einvernehmen zu kommen, um durch sie in die Stadt eingelassen zu werden, aber auch das mißlang, und sie zogen ab. Die Verlierer waren die Juden und die Kuraisch, die Mohammed verkaufen oder töten ließ.

Im Jahr 627 erreichte es Mohammed auch, die Kaaba seinen Leuten wieder zugänglich zu machen. Es gelang ihm mit List, Klugheit und Mäßigung – Eigenschaften, die zweifellos den erfolgreichen Staatsmann ausmachen.

Er machte sich im Pilgerkleid, nur das Schwert tragend, mit 1500 Mann auf den Weg, um an der kleinen Wallfahrt, der Umra, teilzunehmen oder doch wenigstens den Versuch zu wagen. Die Mekkaner, die von seinem Nahen durch Späher unterrichtet worden waren, lagerten vor dem Nordtor, um ihm den Zutritt zu verwehren. Mohammed erfuhr das, umging die Vorposten und das gesamte Gebiet und schlug sein Lager bei Hudaibidsch auf, an der Grenze der heiligen Stätten, nach Westen zu. Er eröffnete sogleich Verhandlungen mit den Mekkanern, und zwar durch Othman, den Omaijaden, den er als Abgesandten in die Stadt schickte. Die Verhandlungen kamen auch zustande, und die Mekkaner zeigten sich friedlich gesinnt; sie schlossen mit Mohammed einen zehnjährigen Waffenstillstand und erklärten sich bereit, Mekka ihm und seinen Leuten im nächsten Jahre für drei Tage zur Wallfahrt freizugeben. So zog der Prophet wieder ab, ohne diesmal bis zur Kaaba gelangt zu sein, aber sicher, sie bald wieder besuchen zu dürfen. Das gelang auch. Die Wallfahrt im Jahre 628 war ein voller Erfolg, und wenn auch viele Ungläubige, wie vertraglich festgelegt, die Stadt verlassen hatten, so waren doch alle Beni Haschim dageblieben und zeigten sich mit dem nun mächtigen Manne versöhnt. Ebenso waren einige Omaijaden stark beeindruckt. Damals geschah es, daß sich Mohammeds früherer Gegner Walid entschloß, Muslim zu werden, ein Omaijade auch er, der später den Ehrennamen «Schwert des Islams» erhielt, weil er nach Mohammeds Tod eine anfeuernde Kraft für die Kämpfenden wurde.

Bei all diesen Kämpfen zu Lebzeiten des Propheten darf

nicht vergessen werden, daß sie nicht auf gleiche Weise zu betrachten sind wie etwa «Schlachten» im Abendland. Dort rückten die feindlichen Parteien in grimmiger, stummer Entschlossenheit an, ohne auch nur einen Hauch jener Leichtigkeit, die den kämpfenden Orientalen beseelt. Gewiß gab es im Abendland Ritter, für die der Kampf Lebensinhalt war, ganz gleich, wofür und unter wem. Aber sie waren von anderem Geist beseelt. Wenn der Araber schon um die Erhaltung des Kaufmannsgutes mit freudiger Hingabe kämpft – ebenfalls ein Raubritter –, wie kämpft er erst, wenn ein anfeuernder Ruf erklingt! Gleich welcher Art der Ruf ist, wenn er nur eindringt und die Schwerthand zu beleben vermag. Jeder Einzelne für sich und sein Schwert, jeder Einzelne für seinen eigenen Ruhm und den seines Schwertes. In der Kenntnis dieser Wesenheit des Arabers, des Orientalen, im Befeuern dieser Lebendigkeit durch seine Persönlichkeit, durch seinen unerschütterlichen Glauben an die eigene gottgeschenkte Kraft lag das Geheimnis von Mohammeds Siegen. Nicht seine Lehre, nicht das, was der Islam kündete, siegte damals; es war der Prophet allein, nur er, nur seine mitreißende seelisch-geistige Macht, eben das, was man Persönlichkeit nennt. Seine Lehre, der Islam, wurde immer noch scheel angesehen, hauptsächlich auch deshalb, weil sie ein Weiterleben nach dem Tode verhieß und darin die Fortfolge guter wie böser Taten. Das war dem lebenshungrigen Sternenanbeter ebenso fremd wie die gesamte Lebensdisziplin, die der Islam verlangte. Diese Beschränkungen des erotischen Genießens; die Verbote des Weintrinkens, des Würfel- und Glücksspieles; die strengen Fasten; die vielen Gebete; die Enthaltungen während der früher so heiteren genußreichen Wallfahrten – das alles war unbequem, unerfreulich, unerwünscht. Aber jenseits davon stand die mächtige Persönlichkeit des Propheten, stand derjenige, der von Jugend auf ein Meister im Fechten, im Reiten, im Kämpfen gewesen war, und der es verstand, Mannesmut zu verwenden. Es kam noch hinzu, daß sich der Mann, der damals in Mekka so streng und enthaltsam gelebt hatte, jetzt in Jathrib nach allem was man hörte, auch den Freuden der Liebe ergab. Was machte es auch, daß er diese Freuden Ehepflichten nannte? Tat eine Bezeichnung etwas zur Sache? Nein, ein Mann war es, dem zu folgen dem Manne Ehre brachte, mochte er predigen und künden, was immer er wollte.

Dies war die Einstellung Arabiens zu Mohammed. Dies war zunächst auch der Grund, warum der Islam von den allerstreitbarsten Stämmen angenommen wurde. Sie meinten, es mache nicht viel aus, in wessen Namen man tapfer sei, mache auch nichts aus, in wessen Namen man siege. Neu sei es, und das sei wunderbar befeuernd, daß es nunmehr ein großes, ein gemeinsames Arabistan geben solle. Warum dafür nicht rufen: «Ya Allah – Ya Mohammed – Ya Melekler!» Hauptsache, man kämpfte unter einem, der den Kampf verstand. Denn ernst nimmt der Araber nur wenige Dinge: Tapferkeit, Reiten, die sichere Schwerthand, die Stammesehre. Sonst ist das Leben leicht, heiter und vergänglich. Was Tod, was Leben? Das eine geht, das andere kommt und umgekehrt. Wie man beides beherrscht, das ist's – und beides verlangt, wie auch die Zeit, das Lachen. Nicht das harte, das versteckte Lachen, nein, das große, weite – so weit wie die Wüste und so unbesiegbar wie sie. Das ist Arabien.

Und jetzt zu neuem Kampf, zu neuem Sieg, mit diesem Beni Haschim – «Ya Allah – Ya Mohammed – Ya Melekler!» Dies war zuerst alles, was Arabistan unter dem Islam verstand: etwas Siegreiches. Ganz langsam, ganz allmählich erst schlich sich das Verständnis für den Begriff ein, in dessen Namen sie kämpften. Zuerst vermittelte ihnen dieses Erfassen ein Großer, ein viel Mächtigerer als Mohammed: der Tod. Niemals hatten sie sich vor dem Tode gefürchtet, aber daß er etwas sein könne, das man mit Freuden begrüßt, das den Mannesstolz hebt, das Kraft und Triumph gewährt, das war neu, das war wunderbar. Denn wenn man ihm lauschte, diesem erstaunlichen Propheten, und ihn die Freuden des Paradieses schildern hörte, wenn man dann vernahm, daß dieses Paradies ein Ort sei, der Sehnsucht eines wirklichen Mannes wert, und daß man es sich erwerben könne, wenn man für Allah starb, für den Islam, im Namen von Allahs Boten Mohammed – ja, dann lohnte es sich in Wahrheit, solchen Tod zu erleiden – was heißt erleiden, ihn herbeizuwünschen tausendfach!

So zog das Leben ein durch die Pforte des Todes, wurde das vertrauensvolle Ruhen im Halt des Islams erkannt aus dem freudevollen Ruhen im Arme des Todes – dieses Todes!

Langsam, ganz langsam griff es dann um sich, das Wissen um die niemals ermattende Gnade Allahs, um sein Verstehen aller Beschwernisse des oft so mühsamen Lebens, und darum, daß ein jeder sein Sohn sei, geliebt und beschützt, willkommen geheißen in seiner erhabenen Nähe, wenn jener wunderbare Tod den Kämpfer um Allahs Namen zu dem Gnadenvollen brachte. Ob reich, ob arm, ob ein großer Stammeshäuptling oder ein armer Kameltreiber, ob ehemals ein Sklave, ein Bettler oder der mächtigste Krieger und Fürst – alle gleich, alle Allahs Söhne, von ihm gerufen und beschützt.

Wie war das schön, wie ruhesam! Man konnte stundenlang sitzen und darüber nachdenken, die Perlen der Gebetsschnur durch die Finger gleiten lassen und allen Herrlichkeiten des Paradieses nachsinnen, auch aller Güte und Liebe Allahs. Ya Mohammed! – das war ein Leben, wie man es früher nicht gekannt hatte unter al-Lāt und ihren

Schwestern, denen man in Scheu und Angst sein letztes Taubenpaar opferte. Sklaven fragte man – nein, die früher Sklaven gewesen waren und in diesem dreifach gesegneten Medina nun frei lebten, Brüder des Propheten, freie Brüder auch des Größten der Stämme – Sklaven fragte man, und sie antworteten mitleidig, weil man noch fragte. «Bete einmal mit ihm zusammen, und du wirst nichts mehr fragen, Bruder», sagten sie, sagten es auch, wenn man aus einer feindlichen Gegend kam. Bruder! Das war es. Konnte doch auch gar nicht anders sein, wenn alle nur einen Vater hatten – Ya Allah! Und er, der einzige, er, der eine, der Große, wie es täglich fünfmal die Stimme des Muezzins vom Minarett über die Ferne hin rief, die gewaltige Stimme dieses Zaid, der ein Sklave gewesen, auch er, und nun ein Freier war, ein ehrwürdiger Mann. Ihn mußte man hören, wenn er von den Anfängen des Propheten berichtete, was dieser schöne, heitere Mohammed alles hatte erdulden müssen, er, der Freund und Bruder aller. War es nicht auch herrlich, zu bedenken, daß kein Großer, kein Herr und Herrscher über Arabistan war als nur Allah, und daß in seinem Namen, mit Hilfe des Propheten, alle zusammenhielten und zusammenstanden?! Ein Beduine, ein Nomade, ein Angehöriger eines großen Stammes, einer geringen Gemeinschaft – alle gleich, alle eines Wollens und Tuns, alle für Arabien, im Namen Allahs, mit Hilfe des Propheten, für den Islam – Ya Melekler!

Dies war der Weg, dies die einfache gerade Geistesstraße, auf welcher der Islam voranging, tiefer und tiefer in alles Denken und Fühlen Arabiens hinein. Islam – Hingebung. Hingabe an Gott, an das Leben, das war er, er, bei dem es keinen Tod gab.

Es war sehr einfach wie alles Große. Und einfach war auch der Mann, dessen gewaltiger, niemals erschütterter

Glaube an die Göttlichkeit seiner Offenbarung die Anregung zu diesem neuen Leben und gemeinsamen Sein war.

Wie einfach er war, wie fast kindlich sein Denken in bezug auf sich selbst, beweist eine der reizvollsten Geschichten des Islams, die deshalb nicht weniger Reiz hat, weil sie die Grundlagen späterer tragischer Geschehnisse barg:

Im Jahre 627 unternahm Mohammed, wie es häufig der Fall war, einen kleinen Kriegszug gegen aufrührerische Beduinen. Er hatte die Gewohnheit, bei solchen geringfügigen Unternehmungen eine seiner Frauen mitzuführen, die er durch das Los bestimmen ließ. Die Wahl fiel diesmal auf Aïscha, Abu Bekrs Tochter, Mohammeds Lieblingsfrau. Sie war damals 14jährig, schön und klug, von sehr zierlicher Gestalt und großer Geschmeidigkeit; Mohammed liebte sie zärtlich. Sie reiste wie üblich in einer durch Vorhänge geschlossenen Sänfte, die auf dem Rücken eines zuverlässigen Kamels befestigt war. Wenn das Kamel niederkniete, konnte die in der Sänfte sitzende Frau fast unbemerkt ein- und aussteigen, zumal es üblich war, das Kamel unmittelbar am Eingang des ihr bestimmten Zeltes niederknien zu lassen. So geschah es auch diesmal auf dem Rückweg. Nachdem die bewaffnete Vorhut ihres Weges gezogen war, kamen die Frauen und Dienerinnen daran; die Diener ließen das Kamel mit der Sänfte vor dem Zelt der Aïscha niederknien, warteten ein Weilchen und schnallten dann die Sänfte fest, worauf sich das Kamel erhob und davonschritt. Als das Sänftentier einige Stunden später in Medina eintraf und vor Aïschas Wohnung niederkniete, geschah nichts. In der Sänfte entstand keine Bewegung, und endlich entschlossen sich die Diener trotz dem Verbot, eine Frau zu belästigen, die reglosen Vorhänge zu heben. Die Sänfte war leer! Große Erregung. Hin und Her, Rufe, Fragen, und dann mußte der Prophet benachrichtigt werden, es blieb nichts anderes zu tun übrig. Mohammed ließ alle Diener zu sich kommen, doch konnte ihm niemand etwas anderes sagen, als was sich wie üblich abgespielt hatte.

«Die Herrin Aïscha ist sehr leicht, kaum zu spüren, ob sie sich in der Sänfte befindet oder nicht; so kam es, daß wir nichts wußten, Herr.» Was tun? Es war Abend, und wo sollte man in der Nacht auf Suche gehen? Einer der Diener bemerkte, daß die Nachhut ja nun unterwegs sei, vielleicht könne man von ihr, wenn sie bei Morgengrauen eintreffe, erfahren, was geschehen sei. Denn wohin konnte sich die Herrin Aïscha in der öden Weite gewendet haben, ohne von der Nachhut bemerkt zu werden? Diesen Erwägungen konnte sich Mohammed nicht verschließen, und wenn er auch eine unruhige Nacht der Sorgen um seinen Liebling verbrachte, vermochte er doch nichts zu tun als zu warten. Bei Morgengrauen riefen die Wachen das Kommen der Nachhut aus. Ganz Medina lief zusammen, denn jeder wußte, daß des Propheten Lieblingsfrau fehlte. Sie ritten ein, sie brachten die Lastkamele mit den Zelten und den Vorräten, sie wurden von allen Seiten mit Fragen bestürmt – sie wußten von nichts. Ali, der für Mohammed ein Sohn war, obgleich nur Neffe der Chadidja, stand neben dem geliebten und verehrten Oheim und redete ihm begütigend, tröstend zu. Aber die lebhafte Phantasie des Propheten beschwor alle Schrecklichkeiten, die der zierlichen jungen Frau geschehen sein konnten… und da… ein allgemeines Schweigen ließ Mohammed aufschauen, und dann bedeckte heiße Röte sein eben noch sorgenbleiches Gesicht; denn in aller Ruhe sein Kamel führend, auf dessen Rücken eine tiefverhüllte Frauengestalt hockte, kam der junge Safwan daher. Er verhielt sein Tier und ließ es unmittelbar vor dem Propheten niederknien, während er selbst sich ehrerbietig verneigte. Seine Worte waren in der atemlosen Stille deutlich zu vernehmen; er sagte:

«Friede mit dir, erhabener Prophet. Sieh, ich bringe dir dein Weib, das ich allein in der Einöde fand, sicher und unverletzt zurück.»

Mohammed rührte sich nicht, und an seiner Stelle sagte Ali: «Friede auch mit dir, Safwan; wo fandest du des Propheten Weib? Und wann?»

Langsam schob sich jetzt durch die gespannt lauschende Menge, immer Deckung suchend, ein Mann herbei; es war der Dichter Hassan, der hier den Stoff für eines seiner beliebten Spottgedichte witterte, wie er dem müden Dichtergeist nur selten von der Gnade des Zufalls zuteil wird.

Safwan, ein schöner Jüngling, gab dem mächtigen Ali unerschrocken Antwort: «Ich fand die Herrin Aïscha unweit des schon abgebrochenen Lagers auf einem Stein sitzend in völliger Verlassenheit. Sogleich stieg ich ab und brachte sie her. Tat ich daran Unrecht, Herr?» Allzuviel der Unschuld! dachte der Dichter Hassan.

Nach einem Blick auf Mohammed, der sich abgewandt hatte, sagte Ali halb lächelnd: «Nein, nein, es ist schon gut, und wir danken dir. Willst du nun absteigen, Aïscha, und wünscht du etwas zu sagen?» Ali reichte ihr die Hände hinauf, um ihr von dem steilen Männersattel hinunterzuhelfen, aber sie warf in die ausgestreckten Hände ein blitzendes Halsband.

Hinter dem Schleier stieß sie zornig die erstickten Worte hervor: «Dieses Halsband verlor ich und ging es suchen; als ich zurückkehrte, war meine Sänfte fort. Das ist alles. Er fand mich und brachte mich her. Er soll mir hinunterhelfen!»

Mohammed machte eine Bewegung und sagte leise, immer noch abgewandt: «Ali, nimm sie und bring sie zu ihrem Vater, Abu Bekr, ich will sie nicht mehr sehen. Du aber, Safwan, folge mir.»

Ali tat wie ihm befohlen. Bitterer Zorn und Haß blitzten ihm aus den Augen hinter dem Schleier entgegen, aber Aïscha war zu klug, um sich zu wehren; sie verschwanden zusammen unter den gedeckten Gängen des großen Hofwohnbaues.

Mohammed sah ihnen nicht nach, er ging zu seinem Besucherzelt, und der junge Safwan folgte ihm durchaus nicht ängstlich, nein, freudig und eifrig. «Viel zuviel Unschuld!» murmelte noch einmal sehr befriedigt der Spötter Hassan.

Was Mohammed zu Safwan gesagt und was Safwen erwidert hat, weiß niemand. Es mag bitter gewesen sein für den Alternden, der jetzt etwa siebenundfünfzig Jahre zählte, dem strahlend jungen Mann gegenüberzustehen, von dem er annahm, daß er ihm die liebste Frau geraubt habe. Aber in irgendeiner Art muß der Jüngling ihn überzeugt haben; denn man weiß, daß Safwan noch am selben Tage reich beschenkt davonzog und sein Glück in verschiedenen Kriegen machte. Aïscha wollte der Prophet einen Monat lang nicht wiedersehen, bis ihm eine Offenbarung ward, die ihm ihre Unschuld bekundete. Es entstand aus dieser Angelegenheit eine Sure, die sich gegen leichtfertige Beschuldigungen von Ehefrauen richtete und somit für Aïscha volle Vergebung verhieß. Schlecht kam bei der ganzen seltsamen Sache nur einer weg: der Dichter Hassan, der seines Spottgedichtes wegen einige Stockhiebe über sich ergehen lassen mußte.

Aber etwas blieb zurück: der Haß Aïschas auf Ali. Da er Mohammed zur Scheidung geraten hatte, wurde sie von unerbittlicher Feindschaft gegen ihn erfaßt.

Hieraus erwuchs für den Islam großer Schaden und für Ali ein grausamer Tod, und eine weitere Folge war die Herrschaft der Omaijaden als Kalifen anstelle der Fatimiden. Und alles dies wegen einer Halskette.

Sieger

Im Jahre 628 zog Mohammed wieder gegen die zahlreichen Judenstämme: Chaibar, Taima, Wadilkora und Fadak. Es lag ihm weniger daran, sie zu bekämpfen, als sie irgendwie nutzbringend in sein Gemeinwesen einzubeziehen – nur staatsmännisch gedacht, nicht irgendwie als bekehrender Prophet, denn das war den Juden gegenüber ganz aufgegeben worden. So kam man vor ihren burgenartigen Siedlungen an, tat, als glaubte man ihnen den Willen zum kämpferischen Widerstand, zog einige kleine Scharmützel auf und wartete dann auf ihre Ergebung, die auch stets erfolgte. Die Friedensbedingungen waren immer die gleichen: Gegen Ablieferung der Hälfte des Ertrages ihrer Felder konnten sie ihren Besitz und ihre Freiheit behalten. Nur das gesamte Gebiet der Fadak machte sich der Prophet als Eigenbesitz dienstverpflichtet, um gegen Hungersnot gesichert zu sein. Auf diese Weise wurde erreicht, daß sich die Juden ruhig verhielten; daß ein umspannendes Ackerbaugebiet Medina ertragspflichtig war, und daß in eroberten und enteigneten Gegenden keine Muslimen angesiedelt werden mußten, deren Gesinnungstreue man dann nicht immer prüfen konnte. Diese Gewinnung sich weit erstreckender Gebiete war nicht die Tat eines Machtberauschten, eines Kampfestrunkenen, sondern die eines langsam vorgehenden Staatengründers. Mohammed wußte wohl, daß seine Anhänger immer nur Siege von ihm verlangten, immer nur ein Drauflosstürmen von einem blutigen Kampfplatz zum anderen, und er mußte es in kluger ruhiger Abwägung aller Möglichkeiten so einrichten, daß sie, wenn auch keine kriegerischen Erfolge, so doch den wachsenden Reichtum für den Mittelpunkt Medina sehen konnten.

Trotzdem durfte er es auf die Dauer nicht unterlassen, gegen die Byzantiner zu rüsten, die in ihren zahlreichen Provinzen in großer Machtfülle und Anmaßung die Grenzen seiner Wirkungsbereiche bedrohten. Sie saßen in Nordarabien und in Syrien, wo sie immer wieder eine mögliche Gefahr bedeuteten. Er hatte keineswegs die Absicht, sie etwa zum Islam zu bekehren, weder mit kriegerischen noch mit friedlichen Mitteln, aber er mußte sie irgendwie überzeugen, daß er eine Macht war, mit der sie zu rechnen hatten. Zu diesem Behufe hatte Mohammed einen Botschafter nach der Festung Bossra gesandt, die zwischen der Nordspitze des Roten Meeres und Damaskus liegt, und ihm Briefe mitgegeben, darin Freundschaftsbeteuerungen mit versteckten Drohungen abwechselten. In der Kunst, derartige Schriftstücke aufzusetzen, war er Meister, und Seid, sein Schreiber, malte die ihm vorgesagten Worte fein säuberlich nieder. Die Botschaft aber erreichte ihr Ziel nicht, denn der Bote wurde abgefangen und von den Grenzposten erstochen. Hiermit war der in der Politik aller Zeiten so beliebte «Grenzzwischenfall» gegeben, und der Eröffnung der Feindseligkeiten stand nichts mehr im Wege.

Hierüber aber scheinen sich die byzantinischen Bewohner Syriens, die Ghassaniden, auch klargewesen zu sein, denn sie zogen, ohne noch irgend etwas von Mohammed gehört zu haben, sogleich nach der Tötung des Boten südwärts und trafen nicht weit von Medina auf Mohammeds Leute. Er hatte 3000 Mann unter Seid geschickt, und aus dem nahe bei Medina stattfindenden Gefecht gingen die Muslimen als Sieger hervor. Sicher gemacht durch diesen Erfolg, drängten die Muslimen den abziehenden Byzantinern am Roten Meer entlang nach, die hier nach Süden flohen – scheinbar flohen. In Wahrheit aber hatten sie schon lange vorher geheime Verbindung mit einem großen Heerhaufen, der ihnen unter dem Patrizios Theodos, von der Gegend von Aden kommend, entgegenzog. In der Zange gefangen zwischen den beiden Heerhaufen, gelang es der überlegenen Feldherrnkunst Walids, den sie das Schwert des Islams nannten, den größten Teil der Muslimen nach Medina zurückzuführen. Diese Schlappe mußte ausgeglichen werden, das wußte Mohammed wohl, aber für den Augenblick bot sich nirgends ein Kampfesvorwand. Da taten ihm zu Anfang des Jahres 630 einige Beduinen den Gefallen, bei einer recht ausgedehnten Schlägerei einen seiner Anhänger zu erschlagen und mehrere zu verwunden. Diese Beduinen gehörten, wenn auch entfernt, so doch unleugbar zum mekkanischen Stamm der Kuraisch. Das traf sich gut, da konnte man Mekka gleich den Waffenstillstand kündigen und in ansehnlicher Menge gegen die «frevlerischen» Kuraisch ziehen! Besonders gut auch, daß Mohammed selbst mitziehen konnte, denn seit dem zweiten Jahre der Hedschra hatte er sich verpflichten müssen, an großen Kriegszügen nicht teilzunehmen, sondern einen für ihn kämpfenden Feldherrn zu ernennen. An dieser Anordnung ist auch für alle späteren Kalifen festgehalten worden. Hier aber, gegen die Kuraisch, gegen das geheiligte Mekka, hier war es selbstverständlich, daß der Prophet der Führer war. Und so zogen 10 000 Mann gegen die Vaterstadt aus. Unterwegs aber kam ihnen aus Mekka eine große Anzahl Männer entgegen, die es mit ihnen hielten, und zum Erstaunen Mohammeds war der Anführer der Schar sein Oheim Abbas, früher sein Feind.

Alle versicherten dem Propheten ihre Ergebenheit und kehrten mit ihm um, zurück nach Mekka. Vor dem Tore der geheiligten Stadt aber stand, mit allen Kuraisch hinter sich, Abu Sophian, der große Feind und Verfolger, und legte zu Füßen des Propheten das Bekenntnis zum Islam ab! Er riet dann, das Lager im Nordwesten der Stadt aufzuschlagen, begab sich zurück und veranlaßte die Mekkaner, nicht gegen den Propheten zu streiten, was fast alle zusagten. Die wenigen Kampflustigen begaben sich zum Südtor, wo sie in die Hände von Walid gerieten, der sie mit einigen erprobten Streitern fast spielend entwaffnete. Dann ließ Mohammed seine Leute in zwei Zügen antreten und sie so, eine Zange bildend, in die Stadt einziehen.

Er wurde wie ein Sieger und Held empfangen, hielt sich aber nicht auf, sondern ritt zu dem vertrauten Platz an der Kaaba. Siebenmal umritt er den schweren Meteorstein und berührte jedesmal die berühmte Fußspur mit seinem Stab, so den Stein von der heidnischen Entweihung reinigend. Darauf befahl er seinen Vertrauten, die Bildnisse der Sternengöttinnen und des Mondgottes im Tempel zu zerstören, auch in alle Häuser einzudringen und alle gleichen Bildnisse zu vernichten. Er verlangte keinen Übertritt zum Islam, zeigte sich milde und verzeihend in solchem Grade, daß er die Eifersucht der Medinenser hervorrief, die fürchteten, der Prophet werde nun in seiner geliebten Vaterstadt bleiben. Das hatte er gar nicht beabsichtigt, und das Kismet ließ es auch nicht zu. Nach einem Aufenthalt von knapp zwei Wochen meldeten Boten, die alten Feinde Mohammeds, die Thakif aus Taif, hätten sich mit Beduinen verschiedener Stämme verbündet und lägen 3000 stark nicht weit von Mekka, zum Angriff bereit. Die alte Kampfregel, daß der Angriff stets die beste Abwehr sei, war Arabiens Streitern bekannt, und so rückte Mohammed, der es sich auch diesmal nicht nehmen ließ, selbst zu führen, sogleich aus. Man traf auf einen wilden Haufen, der sich mit Geschrei und Waffenschwingen halb tanzend auf die ruhig anrückenden Medinenser stürzte. Es zeigte sich bei dieser Gelegenheit, daß die in Medina in allen Dingen des täglichen Lebens geübte Disziplin, der geschulte Gehorsam und das Sicherheitsgefühl, das Vertrauen in eine ruhige Führung gibt, dem tollen Anstürmen um vieles überlegen blieben. Die Beduinen, an diese Art des Kämpfens nicht gewöhnt, sondern nur an ein wildes Handgemenge und wüstes Durcheinander, erkannten bald, daß es unmöglich war, diese ruhig vorrückenden, in sich geschlossenen Reiter zu überraschen, und ließen ihre Bundesgenossen aus Taif kläglich im Stich. Die Thakif ergriffen die Flucht und hinterließen reiche Beute. Man kehrte mit neuem Reichtum nach Mekka zurück und machte sich am nächsten Tage nach Medina auf. Der Erfolg dieses Zusammenstoßes bestand darin, daß nach kurzer Zeit zahlreiche Beduinenstämme ihre Oberhäupter nach Medina sandten und sich dem Propheten unterwarfen, ein in der Wüste nicht zu unterschätzender Vorteil. Das besiegte Taif sandte Unterhändler auf Unterhändler, die immer nur den Propheten anflehten, ihnen doch ihre Stadtgöttin al-Lāt zu lassen und ihnen zu erlauben, sie weiter anzubeten. Aber Mohammed blieb unerbittlich – sie mußte zerstört werden; sonst werde er Taif so lange belagern, bis kein Stein mehr auf dem anderen sei, «von jenen Steinen, mit denen ihr mich damals beworfen habt, ihr Ungläubigen!» Da die Stadt Taif die Unterstützung der Beduinenstämme jetzt nicht mehr genoß, war sie verelendet und mußte schließlich der Forderung des Propheten nachgeben, um nicht weiterhin von allem Handel und Verkehr ausgeschlossen zu sein. Denn Arabien hatte keinen Verkehr mehr, tätigte keine Geschäfte mehr mit Orten, wo al-Lāt noch verehrt wurde. Mohammed befahl, Arabien gehorchte!

Besonders bemerkenswert war es, daß sich die Christen Nordarabiens, auch sie ehemals unter byzantinischer Oberhoheit stehend, um diese Zeit fast durchgehend zum Islam bekannten. Mohammed hatte sie nicht zur Annahme des Islam gezwungen – das tat er überhaupt nie, weder bei Christen noch bei Juden oder Heiden. Er verhielt sich klüger: Als er die Ländereien erobern ließ, wo sich diese Christen niedergelassen hatten – meist auf der Flucht von Byzanz, wo sie als Arianer oder Athanasianer der Ketzerei angeklagt worden waren –, stellte Mohammed es ihnen frei, ihrem Glauben gemäß zu leben. Sie würden, so ließ er wissen, auch dann seinen Schutz genießen, nur müßten sie eben Steuern zahlen. Sollten sie jedoch zum Islam übertreten, so wären sie völlig steuerfrei. Und siehe da, bald befand sich in den ganzen Ländern kein einziger Christ mehr! Fester standen zu ihrem Glauben die Christen von Jemen, wo die Kirche von Nedschran siegreich war. Da aber auch sie sich dem Einfluß der Macht des Propheten nicht entziehen konnten, kamen ihr Fürst Abdalmassich und ihr Bischof Abu'l Harith nach Medina, um mit dem Propheten zu verhandeln. Mohammed sicherte ihnen Schutz und Frieden zu gegen die übliche Tributzahlung, die ihm auch anstandslos gewährt wurde.

In diesem Zusammenhang tut es not, bei den Beziehungen zwischen Byzantiner und Araber nicht zu vergessen, daß sich die kulturelle Stellung beider in vielem glich, sofern man unter Kultur die Art der Lebensgestaltung versteht und sie nicht ausschließlich als geistigen Sonderbesitz betrachtet. Sowohl der islamische Araber als auch der Byzantiner sahen die westlichen Völker als Barbaren an, so die Franken, die Goten, die nördlichen Seefahrer, kurz alles, was aus dem Norden Europas auf Beutezügen südwärts kam. Das rührte von der groben Art der Eindringlinge und ihrer mangelhaften Körperpflege her. Schon das

Wort «Barbaren», gebildet aus dem Griechischen *barbaros* = rauh, bärtig, zeigt an, daß Byzanz auf die glatten Gesichter seiner Männer stolz war; Bärte wurden in Byzanz als unsauber empfunden, wohingegen sie bei den Arabern als ein den Mann ehrender Schmuck galten. Aber sonst waren sie sich gleich in der peinlichen Befolgung der Körperpflege und in der Einrichtung sanitärer Anlagen. In Byzanz und in den orientalischen Provinzen hielt man es damit genauso wie in Arabien: Das Wasser, Vorbedingung jeder Niederlassung, wurde in besonders geschickt angelegten Nebenräumen ständig fließend verwendet. Die Bade-Einrichtungen waren bei beiden Kulturen äußerst gepflegt, und die von Mohammed angeordneten Waschungen vor dem Gebet bedeuteten keine Seltenheit, denn sie gehörten auch zu byzantinischen Kulten. Salben des Körpers, Entfernung der Körperhaare, Gebrauch von Wohlgerüchen vor dem Betreten der Kirche und der Moschee, alles dies war Gemeingut beider Kulturen. Solche scheinbaren Nebensachen sind es, die das Gefühl einer gewissen Gleichheit erzeugen, besonders dann, wenn, wie in diesem Falle, die hohe Pflege der Höflichkeit, der Formvollendung und der Gastlichkeit hinzukommt. Es ist anzunehmen, daß diese Übereinstimmung die Beziehungen der arabischen Byzantiner zu Mohammed günstig beeinflußten; jedenfalls ist außer jener Ermordung des nach Bossra gesandten Botschafters kein Fall von ausgesprochener Feindseligkeit bekannt geworden. Dennoch darf nicht vergessen werden, daß die Einstellung Arabiens zu Byzanz, des Islams zum byzantinischen Christentum schon damals Eroberung bedeutete. Es handelte sich dabei weniger um Glaubensfragen, da Mohammed ja nie auf Annahme des Islams bestand, nicht einmal bei den Heiden. Es ging vielmehr um Anerkennung seiner beherrschenden Stellung in Arabien. Auch die Unternehmungen gegen die Byzantiner dienten nur dem Ziel der Tributerhebung, wodurch die Herrschgewalt anerkannt wurde.

So war es auch bei dem Zug im Sommer 630 gegen die Rhomäer und die von ihnen gestützten christlichen Araber, die in ihrem Gebiet lebten. Mohammeds Leute rückten 30 000 stark aus und machten bei der Oase Tobruk, nahe der byzantinischen Grenze, halt. Ehe irgendwelche Feindseligkeiten eröffnet wurden, nahten schon die christlichen Fürsten, die an der Nordspitze des Roten Meeres ihre Gebiete hatten, und huldigten dem Feldherrn des Propheten. Sie wurden wie üblich nur mit Tribut belegt, und man sagte ihnen volle Religionsfreiheit sowie jeden Schutz zu.

Stärkster Beweis für die Macht eines arabischen Herrschers war immer die Beachtung, die ihm die Dichter zumaßen. Es dauerte lange, bis sich diese mächtige Gilde – so darf man sie nennen – entschloß, Mohammed anders als in Spottversen zu beachten, aber nunmehr war es soweit, nun konnte ihm niemand mehr den Titel eines großen Herrschers streitig machen.

Die Presse ist ja stets in ihrer Meinungsäußerung richtunggebend für die Wichtigkeit von Geschehnissen und Menschen. Die Presse stellten damals die wandernden Dichter dar, sowohl in Europa als auch im Orient. Der Unterschied bestand vielleicht darin, daß der Orient die Dichter ernst nahm, Europa sie aber nur duldete. Deshalb sind diese Wanderdichter im Orient noch heute vorhanden und genießen die gleiche Ehrenstellung wie ehedem, obgleich sie die Macht der Presse nicht mehr allein verkörpern.

Am Hofe Mohammeds – einem Hof im wahrsten Sinne – befand sich der Dichter Hassan ibn Thabit, der damals die Prügel bezogen hatte wegen seines Spottgedichtes über Aïscha und den jungen Safwan. Die beiden berühmtesten

Dichter Arabiens, Labid und Al'Ascha, erregten durch ihr Kommen in Medina beträchtliches Aufsehen, das besonders Labid in sehr geschickter Art ausnutzte. Es war allgemein bekannt, daß Mohammed die Dichter nicht mochte, eine Abneigung, die sich auf seine eigene Angst gründete, die Offenbarungen vielleicht dichterisch zu gestalten. Aber jetzt blieb ihm nichts anderes übrig, als die Huldigung dieser beiden entgegenzunehmen, zumal Labid so schlau war, seine Annahme des Islams kniend vor Mohammed zu erklären und dann sogleich in den Vortrag eines Lobgedichtes auf den Propheten überzugehen. Als Meister des Wortes und Menschenkenner verstand er es, in Mohammed starke Ergriffenheit zu erzeugen, nicht ohne die Hoffnung auf eine entsprechende Belohnung. Ehe es jedoch dazu kam, ehe jemand eine Hand heben oder ein häßliches Wort äußern konnte, eilte ungestüm ein junger Mann herbei, schob Labid beiseite, als wäre er ein Stück Holz, das ihm im Wege läge, stürzte vor dem Propheten nieder und begann zu sprechen, erregt, wild, doch mit schöner Sprache. Er sagte: «Herr, großer Prophet, erhabener Bote Gottes, sieh einen tief Reuigen vor dir, der sich zu dir bekennt, zu deiner Wahrheit, zu Allah. Oh, sieh mich ganz im Islam, Herr! Ich bin Ka'ab, Herr...» Als er dies sagte, wichen alle erschrocken vor ihm zurück, doch Mohammed lächelte und fragte leise: «Derselbe Ka'ab, der mich so sehr beschimpfte?»

«Derselbe, o Herr, derselbe! Und warum tat ich es? Weil du mir meinen Bruder raubtest – nein, nein – nicht ihn töten ließest, vielmehr ihn zum Muslim machtest und so ihn mir nahmst. O Herr, ich habe gegen dich gewütet. Vergib mir... denn siehe, ich komme, um mich vor dir zum Islam zu bekennen. Sieh mich gläubig vor dir liegen, und höre, Herr, was im Traum der Nacht mein Herz dir sagte.» Und er las ein Huldigungsgedicht vor, das von so hoher Schönheit war, von so tiefer Wahrheit und solch starkem Erfassen des Islams und seines Künders, daß Mohammeds Augen feucht wurden.

Er erhob sich, zog seinen Mantel aus und warf ihn dem Knienden zu. Alle ringsum beugten sich tief in Ehrfurcht, denn die Gabe des Mantels seitens eines Herrschers ist die höchste Auszeichnung, die er gewähren kann, höher noch als die Schenkung eines Ehrenkleides. Labid und Al'Ascha zogen sich schweigend zurück, und Ka'ab war hinfort Mohammeds großer Dichter, er, der vorher von dem erzürnten Propheten für vogelfrei erklärt worden war. Die Geschichte vom Mantel des Propheten ist eine der bekanntesten in der Überlieferung des Islams. Der Dichter Ka'ab sah ihn als seinen kostbarsten Besitz an und mit ihm sein Stamm, die Mussaina. Nach Mohammeds Tod bot Moawija, Abu Sophians Sohn, dem recht armen Dichter für den Mantel die hohe Summe von 10 000 Dinar an, doch Ka'ab verweigerte den Verkauf. Erst nach des Dichters Tod erhielt der Kalif Moawija den ehrwürdigen Gegenstand, und der Mantel ward als kostbarstes Stück in seinem Schatz verwahrt. Zunächst blieb er in Damaskus, im Schatz der Kalifen, dann kam er mit ihnen nach Bagdad, wo er bis zum Jahre 1258 vorhanden war, bis die Mongolen Bagdad zerstörten und verbrannten, wobei der Mantel des Propheten vernichtet ward. Dennoch befand sich lange Zeit auch in Konstantinopel ein Mantel des Propheten, neben dem Schwert Eyubs des Großen das höchstverehrte Vermächtnis des Propheten. Was nach dem Sturz des Kalifats daraus geworden ist, weiß niemand.

In diesem achten Jahre der Hedschra sandte Mohammed seinen Freund und Schwiegervater Abu Bekr zur Umra, der Pilgerfahrt nach Mekka, denn falls die Mekkaner ihm gegenüber wieder anderen Sinnes geworden wären, wollte er sich und den Ruf des Islams keinen Unwürdigkeiten aussetzen. Mit Abu Bekr ging auch Ali, Mohammeds Schwiegersohn, Gatte Fatimas, der zweiten Mutter des Islams. Nachdem Ali die Kaaba umschritten und alle sonstigen rituellen Pflichten verrichtet hatte, verlas er einen Vertrag, dessen Wortlaut in der neunten Sure des Korans festgelegt ist. Darin sagt sich Mohammed unzweideutig und klar von jeder Gemeinschaft mit den Heiden los, doch erklärt er sie für die Dauer der heiligen Monate, in denen stets Gottesfrieden herrschte, noch für gefeit. Danach sollten die Götzendiener, sofern sie diesem verwerflichen Dienst weiter anhingen, von den Gläubigen angegriffen werden, wo immer sie angetroffen würden. Es war die letzte Absage an die Götzendiener, und sie verfehlte ihren Zweck nicht – im Machtbereich Mohammeds gab es daraufhin keine Sternenjungfrauen mehr, und jede heidnische Verehrungsart verschwand. Die Herrschaft des Islams in Arabien war vollkommen.

Im Jahre 631 wurden in Medina die gesamten Lebensformen so festgelegt, wie sie heute noch gelten, und Mohammed diktierte seinem Schreiber Seid ab und zu noch eine seiner letzten kurzen Suren. Dieser Seid ibn Thabit, ein Bruder des Dichters Hassan, hatte die Angewohnheit, alles, was Mohammed ihm vorsagte, auf irgend etwas niederzuschreiben, das ihm gerade zufällig zur Hand war, seien es Palmblätter, Stoffetzen, ja sogar Steine oder flache Knochenstücke. Er bewahrte das ganze Durcheinander in einem der arabischen Körbe auf, die zum Holztragen verfertigt werden und infolge ihrer Geschmeidigkeit viel fassen. Ein Haufen Abfall – der Koran!

Seid war es auch, der dem Propheten einen Brief vorzulesen hatte, den ein gewisser Scheich der Banu Harifa ihm gesandt hatte, einer mit Namen Mussailima. Aufs allerfrechste verlangte dieser Scheich von Mohammed, den er überhaupt nie anredete – eine große Ungezogenheit bei der Formvollendung des Arabers –, es solle ihrer beider Gleichberechtigung erklärt werden, denn er, Mussailima, sei ebenso stark wie der Beni Haschim. Wie lange war es her, seit diese verachtungsvolle Stammesbezeichnung dem großen Propheten gegenüber gebraucht worden war! Mussailima gab an, die Banu Harifa wie auch die Banu Assad – beide Stämme lebten im Osten Arabiens – völlig in der Hand zu haben, und wenn der Beni Haschim sich nicht innerhalb von vierzehn Tagen als der kleinere Bundesgenosse erklärt habe, bereit, sich Mussailima zu unterwerfen, würden die Stämme ihn zu vernichten wissen. Es ist bezeichnend, daß diese Frage eines möglichen Aufstandes zweier bekannter Stämme von Mohammed überhaupt nicht in Erwägung gezogen wurde und die ganze Sache unbeachtet blieb. Sie erschienen dem Propheten aus zwei Gründen nebensächlich; erstens war er überzeugt, daß derartige kleine Aufstände, wenn sie, abgesehen von Drohungen, wirklich ausbrachen, durch seine disziplinierten Leute schnell bezwungen werden würden, und zweitens war da der große, der bezwingende und berauschende Gedanke, der ihn nicht mehr losließ, ihn Tag und Nacht beschäftigte: Byzanz! Hinziehen und Byzanz erobern! Es diesem harten und grausamen Christentum fortnehmen, vor dem seine Bekenner voller Angst um ihr Leben flohen, um bei ihm, dem Propheten, Schutz und Hilfe zu suchen. Das gewaltige, das große Byzanz unter die Macht des Islams zu zwingen, welch ein Gedanke, welch eine Vollendung seines Werkes!

Denn es besteht kein Zweifel, daß Mohammed zu dieser Zeit deutlich ein Ende vorausfühlte. Er bezog es auf Vollendung, aber es war etwas anderes – es war der Ruf Gabriels, den er diesmal nicht erkannte, da er dem Menschen Mohammed galt, nicht dem Propheten.

Was er im Jahre 632 auch unternahm, welche Gespräche

er auch führte, es waren immer Ermahnungen, die er gab, Erinnerungen, die er wachrief, Ratschläge, die zu befolgen waren.

Er klammerte sich an alles, das an seine ersten Prophetenjahre erinnerte, und befolgte sogar seine eigenen Vorschriften insofern nicht, als er seine übrigen Frauen vernachlässigte, um nur mit Aïscha zusammen zu sein, die ihn an Mekka gemahnte, an das Haus der Chadidja, an alles, was ihm dort widerfahren war. Müde seines steten Sprechens von Chadidja, fragte ihn einmal Aïscha: «Aber, Herr, war Chadidja nicht schon bejahrt und ohne Reiz – hat dir Allah jetzt nicht eine bessere Gattin gegeben?»

Die herzenskalte, ehrgeizige, junge Aïscha, dieses Urbild grausamer Hinterlist und Eitelkeit, erwartete die Antwort nicht, die sie erhielt, denn in großer Erregung rief Mohammed: «Nie, niemals hat mir Allah eine bessere gegeben! Als ich arm war, machte sie mich reich; als ich für einen Lügner und Betrüger erklärt wurde, glaubte sie an mich; als die ganze Welt gegen mich war, blieb sie mir treu. Was unterfängst du dich, auch nur ihren Namen in den Mund zu nehmen, du Niedrige?»

Solche Worte mögen es gewesen sein, die das Gift in ihr immer stärker gären ließen, bis es hervorsprühte in vernichtender Tat und nimmermüder verräterischer Hinterlist. Mohammed ahnte vom Wesen dieses Weibtierchens nichts, wohl aber Ali, der seit dem Ereignis mit dem Halsband mehrfach versuchte, dem geliebten und verehrten Oheim die Augen über seine bevorzugte Frau zu öffnen. Vergeblich. Er erreichte nur, daß die Diener, die Aïscha aus Vorteilsucht ergeben waren, ihr wiederholten, was sie erlauschten, so daß ihr wütender Haß auf Ali noch genährt wurde.

Die Beziehungen zwischen ihr und Mohammeds Tochter Fatima, Alis Gattin, waren stets feindlich gewesen, weil die junge Aïscha auf jeden neidisch war, der dem Propheten nahestand. Nicht aus Liebe zu ihm, nein, nur aus Ehrgeiz. Sie allein wollte Trägerin seines Erbes sein, sie allein Herrin des Islams nach seinem Hingang. Dazu aber hatte Mohammed seine Tochter Fatima bestimmt, in der er das Wesen ihrer Mutter Chadidja weiterleben sah, und zu seinem eigenen Vertreter hatte er schon im Jahre 630 Ali erwählt. Kalif heißt Statthalter, Nachfolger; Mohammed selbst trug diesen Titel natürlich nicht, erst die, die nach ihm kamen und seine Vertretung übernahmen.

Seit der Zeit um 630, als er an Malaria litt, hatte der Prophet begonnen, Anordnungen zu treffen, was innerhalb der Gemeinschaft von Medina nach seinem Tode zu geschehen habe, und immer war es Ali, der geistige Sohn, den er als Nachfolger bezeichnete. Sein Freund und Schwiegervater Abu Bekr sollte Ali zur Seite stehen, desgleichen die Getreuen aus Mekka, Omar und Othman.

Im Frühling des Jahres 632 erklärte der Prophet, eine große Wallfahrt nach Mekka unternehmen zu wollen, wobei alle seine Getreuen mitkommen sollten. Er habe, so glaube er, seine Sendung nun erfüllt, und zum Zeichen dessen wollte er zum ersten Male als Herr des Islams, als der Bote Gottes, Rassu'l Allah, zu den heiligen Stätten ziehen, wo niemand ihm mehr Feind sei, und das Vorbild aller für die Umra notwendigen Bräuche geben. So geschah es.

Im März 632 brach man aus Medina auf, im zehnten Jahr der Hedschra. Alle Getreuen waren dabei, alle Frauen, alle Diener. In größter Feierlichkeit machte man sich auf den Weg. In ganz Arabien hatte es sich herumgesprochen, daß der Prophet nach Mekka ziehe, und mehr als vierzigtausend Pilger erwarteten ihn bei seiner Ankunft in der Nähe der Kaaba. Alles, was er dort vollführte, wie er es tat und wann, ist aufs genaueste überliefert und dient als Vorbild für alle Wallfahrten, heute noch wie ehedem. Man bedenke wohl, im Islam gibt es keine Zeit, keine Vergangenheit, kein Vergessen, nur einen immer lebendigen Propheten, den Freund und Bruder Mohammed, damals so wie heute!

Am dritten Tage seines Aufenthalts in Mekka hielt Mohammed eine Ansprache am Berge Arafat, worin er zuerst die Grundpflichten des Islams festlegte, dann gegen die Jahres- und Zeiteinteilung der Heiden sprach und zwölf reine Mondmonate als Kalender der Muslim bestimmte. Der berühmte und immer wieder andächtig nachgesagte Schluß lautete:

«Heute habe ich meine Religion für euch vollendet und habe erfüllt das Maß meiner Huld gegen euch. Es ist mein Wille, daß der Islam eine Religion sei. Ich habe meine Sendung vollendet und erfüllt und hinterlasse euch das Buch Allahs und deutliche Gebote. So ihr sie haltet, werdet ihr nimmer irre gehen, denn sie sind Allahs Wille für euch, sein Schutz, sein Erbarmen – schauet auf Ihn…»

Deutlich und klar erkenntlich ist es: Er wußte, daß er Abschied nahm, und er selbst nannte diese Umra «den Abschied». Als er heimkehrte, ergriff ihn die Malaria wieder, und er war in der ganzen Zeit vom Mai ab nur tageweise fieberfrei. Was ihn dann beschäftigte, was ihn nicht ruhen ließ, das war der Gedanke an Byzanz. Wenn ihn die Fieberphantasien freiließen, arbeitete er unermüdlich mit Omar und Abu Bekr die Pläne für den Zug nach Byzanz aus, wobei er immer wieder betonte: «Vergeßt es nicht, niemand soll gezwungen werden, seinen Glauben abzulegen, niemand! Doch ihr wißt selbst, wie viele Flüchtlinge aus Byzanz wir hier haben, wie sie vor Entsetzen beben in der Erinnerung an die Folterungen, denen so viele unterzogen wurden, der verschiedenen Deutungen ihrer Glaubenssätze wegen. Nein, was wir wollen, ist dieses: den

Irrenden drüben, die einen grausamen Gott predigen, den Gott zeigen, den wir meinen, den wir kennen, Allah den Einzigen. Sie sollen unter seiner milden Hand leben und das Erbarmen erkennen, das, so will mir scheinen, ihr Gott nicht hat. Dann sollen sie uns Tribut zahlen und, wenn sie wollen, zu den unseren werden. So langsam werden sie alle frei werden, und alle werden wissen von Allah und seinem Boten.»

Das war sein Gedanke, darin sah er die Wahrheit, nicht in Gewalt. Den Oberbefehl übertrug er Ussama, Sohn eines für den Islam bei Mu'ta Gefallenen, und erregte dadurch Unwillen, weil man den Jüngling für dieses Amt nicht reif genug fand. Alles dieses aber ward zu nichts, blieb ein Traum, der jedoch einem Samenkorn gleich in das Bewußtsein der Muslim eingepflanzt war und achthundert Jahre später zu einem gewaltigen Baume aufwuchs.

Es war ein Warten, denn alle spürten das kommende Geschehen. Immer wieder raffte sich Mohammed auf, um die Gebete zu leiten, versank dann aber wieder in Phantasien, so daß Abu Bekr ihn notgedrungen vertrat. Der Prophet hatte sich seit seiner Erkrankung ganz in die kleine Hütte der Aïscha begeben, die ihn treulich pflegte und dafür viel Ehre erntete, woran ihr allein lag. Mohammed verlor niemals die Heiterkeit, die ihn auszeichnete, die sichere Freudigkeit des in Gott Ruhenden, und auch in der letzten Nacht noch blieb er freudig, sprach aber fast unausgesetzt mit den ihn umgebenden Engeln, doch so, als redete er mit Freunden. Am Mittag des 7. Juni 632, einem Sonntag, trat er noch einmal vor die Tür, grüßte alle, die angstvoll draußen harrten, mit heiterer Freundlichkeit, ging in die Hütte zurück, legte den Kopf auf Aïschas Schoß, sagte deutlich: «Allah, verzeihe mir, erbarme dich meiner und nimm mich auf in deinen Himmel

– hilf mir zu ihm, Gabriel», neigte den Kopf zur Seite und starb.

Mohammed, der Mann, war tot. Aber Mohammed, der Prophet, lebte weiter, blieb Freund und Bruder aller, ist unüberwindlich und immer noch der Bote Gottes, Rassu'l Allah.

Aïscha

Sie, in deren Armen Mohammed gestorben war, sah sich
nun als Bevollmächtigte seiner Vermächtnisse an. Da es ihr
als Frau und Muslime unmöglich war, dies öffentlich zu
tun, arbeitete sie im geheimen. Zunächst lag ihr daran, daß
ihr alter Feind Ali – will sagen, der, den sie als Feind betrachtete – nicht Mohammeds Nachfolger würde. Nach
des Propheten Tod herrschte in Medina beträchtliche Verwirrung, wie das wohl immer der Fall ist, wenn eine be-
herrschende Persönlichkeit, in deren Hand alle Fäden zu-
sammenliefen, von der Lebensbühne abtritt. So wurde es
Aïscha in der allgemeinen Ratlosigkeit leicht, den verwirr-
ten Männern klarzumachen, ihr und ihr allein habe der
Prophet vor dem Sterben noch gesagt, nicht Ali, sondern
sein alter Freund Abu Bekr solle sein Stellvertreter werden. Das war nicht schwer zu glauben, denn die beiden
Männer hatten einander wirklich nahegestanden, und es
schien einfacher zu sein, sich dem alten Manne zu unterwerfen, als den jungen Ali anzuerkennen. Ali selbst war
ein gütiger, zurückhaltender und stiller Mann, der Unruhe
und Unzufriedenheit verabscheute. Ihm lag daran, daß
nach dem Tode des geliebten Oheims möglichst schnell
wieder Ordnung einkehre, und er beschwichtigte die Ein-
wendungen seiner Frau Fatima, die heftig gegen Aïscha
eiferte, indem er sagte, ihm bliebe ja noch Zeit genug, Kalif zu werden, wenn es das Kismet so wolle. Vorläufig

werde er sich nur der Erziehung seiner Söhne Hassan und Hussein widmen.

So wurde denn Abu Bekr zum Kalifen gewählt, und nunmehr entsann man sich der Tatsache, daß der Leichnam des Propheten noch über der Erde ruhte, in Aïschas Hütte, wo Mohammed gestorben war. Man bestattete ihn an Ort und Stelle und übertrug Aïscha die Pflege des Grabes, wodurch ihr die Pflicht auferlegt wurde, es niemals zu verlassen. Sie mußte sich fügen, mußte ihre Jugend und Schönheit für verloren ansehen und sich mit noch nicht zwanzig Jahren in das Los ewiger Witwenschaft finden, da ein Weib des Propheten von keinem anderen Manne mehr berührt werden durfte. In ihrer Hütte am Grabe Mohammeds lebend, ersann sie alles, was der Einheit des Islams zum Schaden gereichen und den Untergang der Fatimiden herbeiführen sollte. Daß die Nachkommen des Propheten nach seiner Tochter Fatima Fatimiden genannt wurden, war ihr ein großes Ärgernis. Sie beschloß daher, alles, was in ihrer Macht stand, zu tun, um diesen Namen, diesen Stamm bald zum Erlöschen zu bringen. Diesem Vorhaben blieb sie bis zu ihrem letzten Lebenstage treu.

Da nun der bezwingende Geist fehlte, erhoben sich in Medina alle Widerstände, die von der Macht der großen Persönlichkeit unterdrückt worden waren. Da gab es die Muhadschirun, die Flüchtlinge, die von überallher zu Mohammeds Fahne geeilt waren, der Grünen Fahne der Fatimiden; da gab es die Anssar, das waren die Helfer, die dem Propheten in Medina selbst erstanden waren; und da waren die vielen Zweifler, die sich gezwungen der Macht gebeugt hatten und nur äußerlich Muslimen geworden waren.

Alle diese standen nun auf, und es oblag Abu Bekr, der widersprechenden Strömungen Herr zu werden. Hinzu kamen, wie nicht anders zu erwarten, feindliche Einflüsse von außen. Als erster hielt Mussailima den Zeitpunkt für gekommen, seine Ansprüche, ein gültiger Rivale des Propheten zu sein, geltend zu machen. Dann regten sich wieder die Byzantiner an der nördlichen Grenze, und es wurde zweifelnd hin und her geredet über Mohammeds byzantinische Pläne. Ali und Othman sprachen von den Gedanken des Propheten, nicht nur Byzanz, sondern auch Persien und Syrien, Palästina und die noch von Rom beherrschten Gebiete dem Islam zu unterwerfen. Doch Abu Bekr verlangte mit der Besonnenheit des Alters, zuerst die nachbarlichen und inneren Bedrohungen zu beseitigen, ehe man sich nach außen wendete.

In vielen überlieferten Berichten wird behauptet, daß Aïscha in dieser Zeit insgeheim heftig gegen ihren Vater kämpfte, ohne daß er etwas davon ahnte. Viele sagen, sie habe Verbindungen zu Mussailima gehabt und die Stämme Banu Hanifa, Assad und Ghatafan aufgereizt. Diese Deutung dürfte jedoch irrig und allzu primitiv sein. Mit dem, was eine flüchtige Aufreizung feindlicher Stämme zeitigen konnte, war Aïscha nicht gedient; sie strebte Mächtigeres, Größeres an, nämlich den Sturz der Fatimiden. Das gedachte sie nicht durch Hinterlist zu erreichen, nein, es konnte viel offener vor sich gehen.

Es darf nicht vergessen werden, daß damals in Mekka, als Mohammed noch als mißachteter kleiner Unruhestifter galt, einer aus dem großen feindlichen Stamm der Kuraisch zu dem jungen Propheten übergetreten war: Othman der Omaijade, dessen oberstes Stammeshaupt Abu Sophian war, des kleinen Mohammed großer Feind. Dieser Othman war dann nach Medina mitgekommen und hatte während der Herrschaft Mohammeds als einer seiner ältesten Anhänger eine bevorzugte Stellung innegehabt. Nach dem Tode des Propheten gehörte er der kleinen Vereinigung an, die sich gebildet hatte, um so etwas wie einen obersten Rat zu schaffen, und zusammentrat, wenn besondere Entschlüsse zu fassen waren. Othman, Omar, Ali, Abu Bekr stellten sozusagen die Regierung dar. Nun war Othman gewiß ein treuer Freund und Anhänger des Propheten gewesen, aber eines gibt es, das im Araber niemals ausgelöscht werden kann, geschehe, was da wolle: die Stammeszugehörigkeit. Ein Omaijade war und blieb Othman, und an den Omaijaden wandte sich Aïscha, nicht an den Gefährten des Propheten. In Othman sah sie die Möglichkeiten, die zum Sturz der Fatimiden führen konnten, und mit dem Gefühl der Zeitlosigkeit des Orientalen arbeitete sie für ihr Ziel, mochte es ihr auch noch so fern erscheinen. Ihre Geduld, ihre Fähigkeit, sich scheinbar immer im Hintergrund zu halten, sind wahrhaft erstaunlich und geradezu bewundernswert. Hatte sie es vorläufig ohne große Mühe erreicht, daß ihr betagter Vater zum Kalif gewählt worden war und nicht der verhaßte Ali, so galt es nun, alle Schwierigkeiten, die sich von außen ergaben, für ihre Zwecke zu nützen. Abu Bekr hatte zu kämpfen, mußte den Feldherrn Walid gegen die Byzantiner aussenden, ehe er Mussailima abwehren konnte. Während das Heer zur Nordgrenze zog, um die Byzantiner an weiteren Einfällen in arabisches Gebiet zu hindern, mußte Abu Bekr nicht nur die Bedrohungen aus der Nähe abwehren, sondern auch in Medina selbst Ruhe schaffen, indes seine Tochter Aïscha im geheimen hetzte und alle Unzufriedenen um sich sammelte.

Sie hatte es leicht; sie saß in ihrer Hütte am Grabe des Propheten und sprach von allem, was er ihr aufgetragen habe: «Bei diesem seinem geheiligten Grabe schwöre ich euch, daß es so ist.» Warum sollten sie ihr nicht glauben? Ein jeder wußte, daß der Prophet in ihren Armen gestorben war, sie also sein kostbarstes Vermächtnis blieb. «Mein armer, ehrwürdiger alter Vater weiß nicht, daß man ihn vor diesem Lügner Ali schützen muß; doch wir wachen, Othman und ich, daß kein Haar seines ehrwürdigen Hauptes gekrümmt wird.» So ging ihre Rede, und so gewann sie immer mehr Anhänger, auch für Othman.

Während Walid zwei Monate lang abwesend war, um an der byzantinischen Nordgrenze Ordnung zu schaffen, gelang es Abu Bekr mit Mühe, die nahen Aufständischen zu besiegen. Kaum aber waren Walid und Ikrima, ein junger starker Krieger, zurückgekehrt, da mußten sie schon mit allen verfügbaren Kräften gegen die immer stärker werdenden Anhänger Mussailimas ziehen, denen sich zahlreiche Beduinenstämme angeschlossen hatten. Was alle diese Stämme in Aufruhr brachte, das war das uralte, immer neue, immer aktuelle Problem des Steuereinnehmens. Wo Mohammed gesiegt hatte, da waren von ihm Statthalter und Steuereinnehmer eingesetzt worden, und diese Plage wollten sich die Stämme ebenso vom Halse halten, wie es auch die byzantinischen Nordgrenzer beabsichtigt hatten, bei denen sich das gleiche Verfahren Tribut nannte. Schön umkränzt und mit allerlei prächtigen und wirkungsvollen Schlagworten umgeben wurden diese geldlichen Angelegenheiten; man kämpfte für alle Brüder um heiligste Güter – Freiheit eines jeden; Besitz altangestammten Landes –, wie das zu allen Zeiten üblich war und ist.

Mussailima hatte es verstanden, seine Anhänger bis zur Weißglut aufzureizen und zahlreiche Beduinenstämme mitzureißen, so daß sich ganz Jamama in Aufruhr befand. Walid und Ikrima, denen die beste Auswahl alter Genossen des Propheten folgte, und alles, was in Medina ein gutes Schwert führte, trafen mit den Aufrührern bei Akraba zusammen, das zwischen dem Persischen Golf und dem Roten Meer liegt. Die Hanifa, der Hauptstamm, den Mussailima befehligte, waren bei weitem in der Übermacht und schlugen beim ersten Treffen die Muslimen. Nicht genug damit, sie verhöhnten nach altarabischer Sitte den zurückweichenden Feind mit bitteren Schimpfworten. Aber gerade dadurch wurden Mohammeds Leute wieder vorangetrieben – konnten sie den Namen des Propheten so schmähen lassen? So stürmten sie die Mauern eines umschlossenen Gebietes, in das sich die Hanifa zurückgezogen hatten, sich hier ganz sicher wähnend. Aber der alte Schlachtruf: «Yah Allah – Yah Mohammed!» erwies sich als stärker denn die Mauern. Das eroberte Gebiet trägt seither den Namen «Garten des Todes». Denn wenn auch die gesamten Hanifa mit Mussailima fielen, es fielen auch 700 der alten Genossen des Propheten, es fiel der gesamte alte Stamm seiner Nachfolger. Doch dieses schreckliche Sterben aller, die mit ihm einst ausgezogen waren, Arabistan zu erobern, eroberte auch jetzt wieder Arabistan – ja, es bewirkte noch mehr, es war Anlaß und Anregung zum Sammeln des Korans, jenes Haufens von Abfall aller Art, mit schiefen Schiftzeichen beschmiert, den Seid, der Schreiber, der Dichterbruder, in seinem Bastkorb aufbewahrte. Denn als sie zurückkehrten, die Wenigen, die Siegreichen, die nun ganz Arabien in des toten Propheten Hand gelegt hatten, sagte Abu Bekr und mit ihm Othman, mit ihm Omar und Ali: «Die alles wußten, sind dahin; ehe alle dorthin gehen, von wo es keine Antwort gibt, schnell, schnell schreiben wir den Koran in allen Teilen sauber auf.»

Dieses war die Haupttat der nur zweijährigen Regierung Abu Bekrs. Doch barg auch sie wieder allerlei Verwicklungen in sich. Der Koran, das dem Propheten offenbarte Wort, ist heilig; nach diesem Wort zu leben, ist des Muslims Pflicht. Aber hier war zu bedenken, daß diese Offenbarungen viele zeitgebundenen Anweisungen, Segnungen wie auch Ächtungen, enthielten. Sollte und mußte man diese Namen, die für alle Zeiten mit Schande bedeckt sein würden, im heiligen Buche belassen? Omaijaden wurden genannt, die längst bekehrt waren; ganze Stämme waren mit Acht belegt, die schon lange nicht mehr zu den Feinden des Islams gehörten. Was tun? Ali war dafür, jedes Wort zu belassen. Othman, der Omaijade, war für manche Änderungen. Omar, der Krieger, hielt sich von allen Auseinandersetzungen fern; ihm ging es nur um eines: die Ausbreitung der Macht des Islams. Abu Bekr, der alte Kalif, entschied einmal so, einmal so und schuf durch dieses Schwanken jahrhundertelangen Zwist innerhalb des Islams, wo um diesen Namen, um jene Benennung Blut und wieder Blut floß. All das ist symbolhaft, denn während der zwei Regierungsjahre des Kalifen Abu Bekr bereitete sich schon, dem alten Freunde des Propheten noch unbewußt, die große Wandlung in der Formung des Islams vor.

Was Mohammed zu gründen getrachtet und was er auch zum großen Teil erreicht hatte, das war die Bildung eines Nationalstaates, des arabischen Staates. Die Religion dieses Staates sollte und mußte die islamische sein, aber nicht sie allein sollte den Machtbegriff bedeuten. Nicht nur sie sollte streitbar sein, sondern die große arabische Gemeinschaft, der neue Staat sollte wie eine harte Schale werden, deren Kern der Glaube war. Mohammeds kämpferische Streifzüge bezweckten den Zusammenschluß Arabiens, nicht Eroberung ferner Lande und Veränderung ihrer Lebens- und Regierungsart. Man hat oftmals gesagt, dem sei wohl so, hingegen bewiesen die Fieberphantasien, die dem sterbenden Mohammed immer wieder das ferne Byzanz als lockendes Eroberungsziel zeigten, daß es auch unter Mohammed, hätte er länger gelebt, nicht so geblieben wäre, wie es war. Jedenfalls ist es fesselnd, die immer mehr um sich greifende Wandlung des islamischen Kriegertums und die folgerichtige Entwicklung zu betrachten, die dazu führte, daß knapp drei Jahrzehnte nach dem Tod des Propheten Medina, seine Hauptstadt, nur noch eine Stadt der Dichter und Träumer war.

Als nach dem Tode Abu Bekrs seine Nachfolge beraten wurde, gab es zunächst einen langwierigen Streit um den Titel des Nachfolgers. Kalif, das heißt Stellvertreter, hatte sich Abu Bekr nicht genannt, vielmehr in aller Deutlichkeit: Kalif-en Rassu'l Allah, was bedeutet: Vertreter des Boten Gottes. Nun aber sollte es heißen: Kalif-en Kalif-en Rassu'l Allah, Vertreter des Vertreters des Boten Gottes. Unmöglich, so kann sich niemand nennen, fand Ali, und sowohl Omar als auch Othman stimmten ihm zu. Ehe noch die Wahl getroffen war, wurde dann für alle Zeit der Titel des Fürsten und Oberhauptes des Islams festgelegt, nur mit dem einen Wort: Kalif.

Inzwischen hatte Aïscha wieder gearbeitet. Sie ließ sich diesmal nicht sehen, weil sie angeblich schmerzgebeugt war über ihres Vaters Tod, aber sie arbeitete desto eifriger im verborgenen. Sie und Othman waren übereingekommen, daß die Sammlung der Omaijaden noch nicht vollendet sei, ihre Schlagkraft noch nicht geschlossen genug, da niemand mit dem Tode Abu Bekrs so früh schon gerechnet hatte. Es werde alles verdorben, wenn er selbst jetzt bereits gewählt würde, meinte Othman, Zeit brauche man und noch einmal Zeit. Gut; so einigten sie sich darauf, die Wahl jedes anderen zu unterstützen, sofern es nicht Ali wäre. Glückhaft kam hinzu, daß Omar als ein bedeutender Krieger galt, und daß man allerseits von Unruhen umgeben war; er wurde vorgeschlagen, und Ali sagte nichts. Er hob nicht hervor, auch sein Schwert sei nicht aus Holz, und nicht umsonst werde er Aslan, der Löwe, genannt. Ali haßte jede innere Fehde, er wollte Frieden haben im Hause Mohammeds. So ward Omar gewählt.

Scheinbar sind ja solche Wahlen eine Wahl. In Wahrheit

aber geschieht das, was die Zeit verlangt; sie sucht sich den Menschen zur Ausführung ihres Wollens. Der Islam sollte jetzt nur Kampf sein, so wollte es die Zeit, und Omar war ganz Kampf, war der größte und heldenmäßigste Kämpfer des Islams, schuf ihm die heldischste Zeit, die gewaltigste Ausbreitung, schuf jedoch nicht Mohammeds Islam, wenn auch alles im Namen des Propheten geschah: er schuf den neuen, den streitbaren, den erobernden Islam.

Zu dieser ganzen Entwicklung trug noch etwas anderes bei: die – in diesem Falle mißverstandene – Treue zu dem Propheten. Sein alter Freund Abu Bekr hatte immer wieder, besonders in den letzten Lebenstagen, hervorgehoben, daß es ihn so sehr schmerze, nicht das ausführen zu können, was Mohammed, dessen Name gesegnet sei, zuletzt, kurz vor dem Sterben noch, so sehnlich gewünscht habe: nach Byzanz zu ziehen. Dieses, so meinte er, müsse noch zurückgestellt werden, bis man Persien beruhigt habe, Babylon, Syrien und auch Ägypten. Dann, ja dann!

Diese Absichten Abu Bekrs, ja des Propheten, suchte Omar nun auszuführen. Es hieße ein Buch über die Feldzüge zu schreiben, wollte man alles schildern, was der große Kriegsherr erreichte. Genüge es, zu sagen, daß er den Islam bis zum Indus und Oxus brachte, daß sogar am Kaspischen Meer dem Propheten gehuldigt wurde. Kleinasien, Armenien, Syrien, Babylon bezwang Omar mit seinen Feldherren Amru, Jessid, Walid und schuf eine gewaltige Gottesherrschaft, nicht aber ein Arabien, wie es einstmals Mohammed tat. Die Juden vertrieb Omar ganz aus Arabien und sandte sie nach Syrien, zog hin und eroberte Jerusalem. Dort trägt heute noch die große Moschee seinen Namen, eines der erstaunlichsten Gotteshäuser, das die Welt besitzt. Nicht genug damit, daß in der Omar-Moschee jener große Fels fast schwebend hängt, der einstmals im Kampf der Engel gegen die Dunkelheit zur Erde fiel und auf seiner Spitze stehen blieb, die Omar-Moschee ist auch das einzige Gotteshaus, in dem Muslimen, Juden und Christen beten – im zerquälten und in sich zerrissenen heutigen Jerusalem vielleicht das eine hoffnungsreiche Symbol des großen gemeinsamen Gottes.

Persien und Ägypten mußten der Macht Omars weichen, des einzigen Kalifen außer Ali, der seine Heere selbst führte. Zehn Jahre lang bahnte sein mächtiges Schwert dem Islam den Weg zur Weltmacht. Zehn Jahre Ruhm und dann ein Tod, den der große Krieger nicht verdiente. Ihm war es nicht beschieden, vom Schwertstreich eines Gegners auf dem Schlachtfeld zu sterben; nicht der vom Muslim so begehrte Tod zu Ehren des Propheten und des Glaubens ward dem großen Omar geschenkt – nein, ein geringer Sklave, der Perser Abu Firos, erstach den Kalifen Omar während des Gebets in der Moschee, erstach ihn im Auftrag seines Herrn wegen einer Steuerschuld.

Unwürdig eines großen Kriegers, so zu sterben, um der Kleinheit willen von niederer Mörderhand!

Auch Feinde trauerten um ihn, nicht weil er starb, sondern wie er starb, Omar, der Held des Islams.

All dies aber rührte die eine nicht, Aïscha, die böse Kraft hinter des Propheten verlassenem Thron. Sie jubelte, sie war beglückt, denn nun konnte es nicht mehr fehlgehen, nun mußte der Omaijade an die Spitze der Fatimiden treten, und damit würde deren Untergang besiegelt sein. Othman stimmte ihr zu, erklärte sich gemeinsam mit allen Stammesbrüdern bereit, den Kampf zu beginnen, unbemerkt, unterirdisch, für die Größe der Omaijaden und des Islams, für die Vernichtung der Fatimiden. Er war ein alter Mann geworden, dieser Othman, der mit dem Propheten jung gewesen war. Seine Leidenschaft, das, was ihn am meisten fesselte, war der Koran. In den Jahren, wo er darauf wartete, Kalif zu werden, vielmehr darauf wartete, daß ein Omaijade Kalif werde, beschäftigte er sich fast ausschließlich mit der Fertigstellung und Ordnung des Korans. Ihm ist es im wesentlichen zu verdanken, daß der stumpfe Seid die Wirkung des großen und bedeutsamen Buches nicht völlig vernichtete. Es wurden damals zunächst alle Suren, welche sich mit der Lebenshaltung des Muslim und mit der einzuhaltenden Politik beschäftigten, an den Anfang gesetzt, ganz gleich, wann und wo sie offenbart worden waren, so daß eine erschreckende Langweiligkeit alle Schönheiten des gewaltigen Werkes vernichtet hätte. Die Sunna, die Überlieferung, die Abu Bekr und Othman besonders pflegten, und die sie mit Recht für ebenso geheiligt erklärten wie die später niedergeschriebenen Aussprüche des Propheten, war es, die den Koran rettete und in seiner jetzigen Gestalt erstehen ließ – als das Lebenswerk Othmans, des dritten Kalifen. Solcherart nun war der, der anstelle des Löwen Ali gewählt wurde, getragen von der Wühlarbeit Aïschas und seiner eigenen Stammesgenossen.

Elf Jahre dauerte seine Regierung, und auch sie brachte Erfolge, wenn auch nicht so starke wie unter Omar. Immerhin wurden Kleinasien, Armenien, Nubien, Zypern und Rhodos genommen und zwar von denselben Feldherren, die schon Omars Siege begleitet hatten. Jedoch erkannten die unweit von Medina lebenden Stämme die Schwäche des greisen Othman und begannen ihn mit stetem Aufruhr zu bedrängen. Da knapp genug Bewaffnete zum Schutze Medinas zurückgeblieben waren, zudem nur solche, die für die großen Kampfhandlungen nicht mehr geeignet schienen, gestaltete sich die Lage bald so gefährlich, daß alles zu befürchten stand.

Im Jahre 656 rüstete sich Aïscha zu einer Wallfahrt nach Mekka unter Mitnahme zahlreicher treuer Anhänger. Sie sah ein peinliches Geschehen voraus, und sie wollte auf keinen Fall an Ort und Stelle sein, wenn dem von ihr als Einsatz benutzten alten Omaijaden etwas zustieße. Es gibt sogar zeitgenössische arabische Berichterstatter, die behaupten, Aïscha sei nach Mekka gezogen, um von dort die Verbindung mit den Omaijaden besser aufrechterhalten zu können, ohne in den Verdacht des Verrates zu kommen. Denn die Lage hatte sich nun so gestaltet, daß Medina, da Othman so lange lebte und seine Einstellung eher der eines Gelehrten glich, ein unsicherer Aufenthaltsort geworden war, der einer reifen Frucht gleich dem verhaßten Ali jederzeit in die Hand fallen konnte. Das aber durfte nicht sein, das nicht! Darum mußte sich Aïscha an einem Platz befinden, wo sie unbeaufsichtigt war und ihre Boten zu Moawija senden konnte, ohne Verdacht zu erregen. Denn um diesen ging es, um den Sohn Abu Sophians, des großen Omaijaden. Er allein sollte Kalif werden, so hatte Aïscha beschlossen. Während in der Ferne Siege für den Islam erkämpft wurden, brachen in Medina die Charigiten ein, ein stets aufrührerischer benachbarter Stamm, und griffen sich zunächst den nunmehr 82jährigen Kalifen Othman, um ihn zu töten. Es wird berichtet, er habe seinen Tod in seinem Gemach ruhig betend erwartet, denn obgleich er ein Verräter an den Fatimiden war, so war er doch ein gläubiger Muslim, der auch deshalb ruhig sterben konnte, weil er die geliebte Arbeit am Koran vollendet hatte. Alles, was Waffen tragen konnte, stand unter Alis Befehl, um zu retten und die Feinde zu vertreiben, was auch schließlich gelang, nachdem Othman tot war.

Man suchte sich in Medina nun zu sichern, aber viele waren nicht mehr da, die als Kämpfer in Betracht gekommen wären, und die wenigen hatten es eilig, nunmehr Ali zum Kalifen zu erklären, damit doch einer da sei, der sie schütze. Dieser eine aber, Ali, nun der Kalif, hatte durchaus kein Bedürfnis, weiterhin in dem ihm verhaßt gewordenen Medina zu bleiben. Er erklärte es für bedeutend besser, die so unsicher gewordene Stadt im allergeringsten Verteidigungszustand zu halten, da nur durch ihre Bedeutungslosigkeit die Eroberungslust der Stämme ringsum gemindert würde, besonders dann, wenn Medina nicht mehr Sitz des Kalifats sei. Und was ihn anbelange, so ziehe er nun nach Kufa im Irak, das, nicht allzuweit von Basra am Persischen Golf gelegen, der neue Sitz des Kalifats werden solle. Gegen diesen Beschluß war nichts zu machen, und so zog der Kalif Ali aus, mit ihm seine Gattin Fatima und seine Söhne Hassan und Hussein mit ihren Frauen und Kindern. Medina blieb verwaist zurück, sein Stolz gebrochen, nur noch einen Vorzug besitzend, einen Schatz bergend: das Grab des Propheten. Es wurde von da an ein stiller Ort, zu dem sich Dichter und Schreiber begaben, um in Frieden ihren Werken zu leben, wurde, wie Ali vorausgesagt hatte, so bedeutungslos, daß kein Nachbarstamm es eines Angriffes mehr wert hielt. Medina, die Stadt des Buches, Ursprungsort des Reiches, das Mohammed gegründet hatte, versank in die Stille der Erinnerung. Ali aber, der 24 Jahre lang darauf gewartet hatte, Kalif zu werden – was hatte Ali in all dieser Zeit getan? Er, der an vielen Kämpfen teilgenommen und sich so die Bezeichnung «der Löwe» verdient hatte, war er ein Krieger oder ein stiller, in das Kismet ergebener Mann? Und warum dieser Auszug nach Kufa, kaum daß er endlich Kalif geworden war? Und warum gerade nach Kufa? Der Kalif Ali, der eine einzigartige Stellung innerhalb des Islams einnimmt, unter dem und um dessentwillen sich die Gläubigen gegenseitig bekriegten, den heute Unzählige als einen Heiligen des Islams verehren, ist und bleibt als Mann und Mensch eines der größten Rätsel jener Zeit.

In Medina hieß es, Ali hasse Streit und Uneinigkeit, weshalb er sich in alle Beschlüsse füge und nicht auf das klare Recht poche, daß ihm des Propheten Erbschaft gewährte. In Kufa gab es, kaum hatte er sein Kalifat, nur Streitigkeiten und Unruhe, so heftige, so gewaltsame, daß sie zur Spaltung des Islams führten. Aber, sagte man, das war doch nicht Ali, das war Aïscha! Ihr ist die Schuld an allem zuzuschreiben, was in Kufa geschah, und was sich vorher in Medina ereignet hatte. Auch an dem, was Ali in ihrer Abwesenheit tat oder geschehen ließ? Ist man aber so weit gelangt, so ist man am Ende. Dann gibt es ein Achselzucken, ein sehr stilles Lächeln, ein gemurmeltes «Kismet» und noch «Allah bilir», Gott weiß es, und ein Weiterfragen wäre ungebührlich. So sucht man dieses große Rätsel zu lösen und ist so klug wie vorher.

Von Mekka aus, wo Aïscha sich immer noch befand, waren inzwischen die Fäden zu Moawija, vielmehr zum Stamm der Omaijaden geknüpft worden, und von ihnen aus sprang die Anklage über ganz Arabien: «Ali hat kein Recht auf das Kalifat, denn er hat zugelassen oder gar veranlaßt, daß Othman, der Kalif, ermordet wurde. Nur einem Omaijaden, der den Mord an seinem Stammesbruder Othman gerächt hat, gebührt der Thron Mohammeds. Es geht um die Ehre und Würde des Propheten! Im Namen Mohammeds, faßt den Mörder und Verräter Ali!» Dieser Ruf war gleich dem Aufruf zum Dschihad, zum heiligen Krieg. Ganz Arabien vernahm ihn mit Staunen, und es geschah das Einzigartige, daß nicht ganz Arabien diesem sonst unwiderstehlichen Rufe folgte, sondern daß sich schon vor Beginn irgendwelcher Unternehmungen gegen Ali Kufa in zwei Lager spaltete.

Aïscha hatte sich inzwischen von Mekka nach Basra begeben, einem Ort an der Nordspitze des Persischen Golfes, etwa zwei Tagesreisen von Kufa entfernt. Dort sammelten sich die Omaijaden um sie; vor allem waren Talcha und Subair bei ihr, zwei Männer, die in Medina dem großen Rat angehört hatten und dort Aïschas treueste Mitarbeiter gewesen waren. Sie rückten als erste gegen Ali aus, und Aïscha ließ es sich nicht nehmen, auf ihrem Kamel mitzuziehen. Es war das Ende des Jahres 656, und Alis Sohn Hassan war im Begriff, ein Heer anzuwerben, denn man hatte Medina nur mit 200 Bewaffneten verlassen; er zog nun mit der stattlichen Anzahl von 12000 daher, die er zum Lager des Vaters in Kufa führen wollte. Unterwegs begegneten ihm die Leute aus Basra, und es kam sogleich zum Kampf. Ali hatte inzwischen Kunde vom Kommen seines Sohnes erhalten, zog ihm entgegen und konnte so Talcha und Subair selbst töten, wie es heißt, unmittelbar vor Aïschas Kamel. Aïscha aber wandte sich sogleich dem Sieger zu, begrüßte ihn freudig und erklärte, sie sei gekommen, ihm zu helfen, und biete sich ihm als Verbündete an. Ali dankte höflich und erklärte ihr, er werde ihr ein Geleit nach Medina mitgeben, wo sie sich in Zukunft nicht mehr vom Grabe des Propheten entfernen dürfe, das sie schon allzu lange verlassen habe, und dessen Pflege er ihr nunmehr feierlichst übertrage, er, der Kalif.

Es blieb Aïscha nichts anderes übrig, als zu gehorchen; doch war sie in dieser Verbannung keineswegs machtlos, dem Verhaßten zu schaden.

Nunmehr suchte Ali seine Stellung auszubauen, seine Macht zu festigen, doch konnte er das nur in Kufa selbst tun. Aus Medina stießen alle jene zu ihm, die in irgendwelcher Art am Geschehen der Zeit teilnehmen wollten. Sie hinterließen Medina als Musiker- und Dichterstadt und berichteten, daß man sich in Mekka hauptsächlich mit dem königlichen Spiel, dem Schach, beschäftige, dort auch behaglich lebe, da es durch die Wallfahrten immer wohlhabender werde. Von dieser Beschaulichkeit war in Kufa nichts zu bemerken. Dort versuchte Ali sein neues Kalifat aufzubauen, traf aber überall und immer wieder auf das Geschrei der Omaijaden nach Blutrache für Othman.

Im Frühjahr 657 erreichte ihn dann die Herausforderung des Omaijaden Moawija, die um so unausweichlicher war, als er Ali das Recht zum Kalifat feierlich absprach, es selbst beanspruchte und verlangte, daß ein Schiedsgericht zwischen ihnen entscheide. Ali zog dem Omaijaden nordwestwärts zum Euphrat hin entgegen, wo sie an der syrischen Grenze zusammentrafen und sich in der Ebene Stiffin 110 Tage lang gegenüberstanden. Es gab ungezählte Tote, so in einer Nacht allein 400, bis wegen des Gottesfriedens im Monat Ramadan der Kampf eingestellt wurde und man sich nur noch gegenüberlag. Hier aber wurde schon in heftigster Art so etwas wie ein Religionskrieg geführt, denn die Omaijaden behaupteten, die Bearbeitung des Korans durch ihren Stammesbruder Othman sei anders als die von Abu Bekr, die Ali pflege, und nun fälsche Ali auch noch das Wort des Propheten. So zogen sie nach Ablauf der Ruhezeit gegen Alis Leute; sie hatten Koranbücher an den Spitzen der Lanzen befestigt und schrien: «Dschihad, Dschihad!» Doch diesem Kampf geboten dann beide Heerführer Einhalt, und man kam überein, durch Schiedsrichter entscheiden zu lassen, wer Kalif sei, wer nicht. Ali und Moawija leisteten den großen feierlichen Schwur des Islams, der recht erschreckend ist mit seinen umfassenden Drohungen, und erklärten sich bereit, sich dem Schiedsspruch zu unterwerfen. Der Spruch aber lautete, daß keiner von ihnen als Kalif in Frage käme. Moawija fügte sich, Ali nicht. Er nahm das furchtbare Unrecht des Eidbruches auf sich, weil ihm sein ererbtes Recht allzu wahr und wirklich schien, und wollte weiterkämpfen. Hierauf empörten sich alle Kämpfer und huldigten Moawija als Beweis ihrer Ablehnung des Eidbrüchigen. Doch trat plötzlich einer auf, den bisher niemand beachtet hatte; es war Abdallah, der Sohn des Subair, der aus Basra gekommen war, um gegen Ali zu kämpfen, angestachelt von Aïscha. Abdallah war immerhin dem Hause des Propheten verwandt, ein Abasside, nach Mohammeds Oheim Abass, und den Fatimiden nicht so feindlich gesinnt wie die Omaijaden. Er begründete seinen Anspruch auf das Kalifat damit, daß er ein Abasside war. Die Verwirrung erreichte nun den Höhepunkt. Einige traten auf und erklärten es für frevelhaft, die Entscheidung über das Kalifat einem aus Menschen gebildeten Schiedsgericht überlassen zu haben, hier, wo nur Gott allein zu entscheiden hätte, und so geschah es, daß allen dreien gehuldigt wurde, Moawija, Abdallah und Ali. Sowohl Moawija als auch Ali scheinen von dem ganzen Geschehen ebenso abgestoßen wie gelangweilt worden zu sein, denn sie zogen fast unmittelbar ab und überließen den Freunden Abdallahs das Feld. Moawija hatte, als die Sache mit Ali begann, einen Feldzug nach Ägypten beabsichtigt, wo er den Emir Alis abzusetzen gedachte, und jetzt begab er sich dorthin, seine unterbrochene Tätigkeit zu beenden. Ali hingegen kehrte nach Kufa zurück, Kalif seines Glaubens und Haupt einer gewaltigen Sekte, die sich nun um ihn bildete, während ein anderer großer Teil der Muslimen an Moawijas Kalifat glaubte und niemand sich um Abdallah kümmerte.

So war jetzt, kaum drei Jahrzehnte nach dem Tode des Propheten, die Spaltung des Islams vollzogen. Das war geschehen, weil ein bösartiges Weib aus eigensüchtigem Haß gegen einen Einzelnen sich dessen Sturz zugeschworen hatte. Doch stürzte sie nicht nur Ali, verhalf nicht nur den Omaijaden zum Sieg – nein, sie bewirkte viel mehr: Sie zerstörte das große geistige Einigungswerk des Propheten, schuf Hader und Haß unter denen, die eins gewesen waren, tat all dies aus kleinlicher Eigensucht –

wegen einer Halskette! Dennoch – möge die Erde ihr leicht gewesen sein und Allah sich ihres Staubes erbarmt haben.

Es zeigte sich jedoch bald, daß man Abdallah und seine mögliche Anhängerschaft unterschätzt hatte, denn kaum war Ali in Kufa angelangt, da mußte er es auch schon erleben, daß viele seiner Anhänger ihn verließen und sich Abdallah in Haura anschlossen, wo er nahe dem Tigris ein Lager bezogen hatte. Diese Auszügler wurden Kawaridsch genannt, eine Bezeichnung, die später Empörer bedeutete, womit die Geschichte ihr Verhalten anprangerte. Gegen sie hatte Ali längere Zeit zu kämpfen, bis er ihnen im Jahre 658 eine furchtbare Niederlage beibrachte, ohne damit das Vorhandensein ihrer Sekte auslöschen zu können. Währenddessen schlug Moawija im Juli desselben Jahres Alis neuen Statthalter in Ägypten, den Emir, im Niltal, womit er alles weitere in der Hand hatte. Amru, der große Feldherr der Kalifen, war zu ihm übergetreten und unterwarf das übrige Land für seinen neuen Herrn, der auch gegen die Byzantiner sieghaft blieb. Moawija schloß noch im gleichen Jahre einen Waffenstillstand und Frieden auf jährliche Tributzahlung mit dem Kaiser Konstantin von Byzanz. Im Mai 660 konnte dann Moawija in Jerusalem die Huldigung als Kalif entgegennehmen, worauf er sich nach Damaskus zurückzog und in der «Stadt der Rosen und der Schönheit» einen glänzenden Hof errichtete. Das hinderte den omaijadischen Kalifen nicht, seine Truppen unablässig gegen Ali zu schicken, so daß Ali nie zur Ruhe kam. Allerdings war ihm Abdallah vom Halse geschafft worden, denn Abdallah hatte sich nach Basra begeben, war dort kriegerisch und schnell eingefallen, hatte die Stadtkasse geraubt und sich dann Moawija angeschlossen. Um Ali aber tobte der Krieg der Meinungen; nach wie vor ging es um Eidbruch oder nicht, um

Kalif oder nicht, war die Parteinahme ebenso leidenschaftlich wie die Ablehnung.

Bei all diesen schwerwiegenden Entscheidungen und Geschehnissen dachte niemand mehr an Medina, niemand mehr an Aïscha. Sie aber war nicht müßig. Von dem ihr angewiesenen Platz am Grabe des Propheten ritten immer wieder ihre Boten aus und kehrten zu ihr zurück, um die Verbindung mit den Omaijaden aufrechtzuerhalten. Sie hatte sich jetzt scheinbar eine andere Richtung gegeben: Sie hielt die Ehre des Propheten als seine Witwe aufrecht und pflegte sein erhabenes Gedenken. Alles, was sie als Willensmeinung von sich gab, ging «vom Grabe des Propheten» aus. Es hat wohl kaum jemals eine größere Entheiligung gegeben, einen häßlicheren Verrat als diesen, den sie nicht nur an dem Propheten, sondern auch am Menschen Mohammed übte. Denn er hatte Ali als seinen Sohn geliebt, als seinen Nachfolger bezeichnet; sie aber hatte die Nachfolge hintertrieben und wollte nun den Menschen töten lassen im Namen dessen, der alles getan hätte, um ihn zu schützen. Leider gelang es ihr, wie das Böse so oft siegt, weil es stärkere Triebkraft hat als das Gute. In der Moschee in Mekka kamen, von Aïscha gerufen, von ihr wieder und wieder angeregt, zehn Männer zusammen, die dort im heiligen Raume, nahe der Kaaba, einen Eid leisteten. Der Wortlaut des Eides ist erhalten in der Sunna um Ali. Er lautet: «Im Namen des Propheten, unter dem Schutz Allahs des Allwissenden, ziehen wir aus, den zu vernichten, der den gesegneten Namen des Propheten schändete, Ali, den Wortbrecher, den Mörder, der sich, so befleckt, noch Kalif en Rassu'l Allah zu nennen wagt. Diese Dolche in unseren Händen weihen wir der Tat, die ein Verbrechen auslöschen soll, und mögen unsere Hände verdorren, unsere Leiber von Schakalen verzehrt werden, wenn wir diesen unseren Schwur brechen. Im Namen des Propheten empfehlen wir uns der Gnade Allahs, des Allerbarmers.» Nach dem gemeinsamen Aussprechen dieses Schwures wurde das Los geworfen, und drei von den zehn zogen aus in Richtung Kufa. Wenn sie getötet würden, sollte ihnen nach und nach ein jeder der zehn folgen, bis ihr Zweck erreicht wäre. In Medina saß Aïscha am Grabe des Propheten und wartete.

Ali rüstete indessen zum Feldzug in Syrien gegen Moawijas Truppen und machte Pläne mit seinem Sohne Hassan. Wie üblich führte er das Gebet in der Moschee von Kufa und verrichtete es dann still für sich unter den anderen Gläubigen. Da geschah es. Da knieten sie hinter ihm, die drei aus Mekka, und da stachen sie ihn nieder, mitten im Gebet «zur Ehre des Propheten». Es war der 24. Januar 661 im 39. Jahr der Hedschra. Den Mördern geschah nichts. Untätig sah Hassan zu, untätig verharrte er weiterhin, wie gelähmt durch das Geschehene. Es wurde ihm auch keine Zeit gelassen, sich zu sammeln, denn Moawija, der ebenso wie Ali bereits gerüstet hatte, war schnell zum Einmarsch bereit und nach kurzer Zeit schon in Kufa. Von allen Seiten war Hassan angefleht worden, doch zu rüsten; er weigerte sich, erwartete untätig das Kommen des Omaijaden und erklärte, er wolle mit diesem fluchbeladenen Kalifat nichts mehr zu tun haben. Als der Omaijade dann kampflos eingezogen war, sprach Hassan auch ihm gegenüber seinen Verzicht aus, wofür er von Moawija eine größere Summe erhielt, die gerade eben den Stadtschatz bildete. Es wurde ihm eine glückliche Reise gewünscht. Hassan zog mit seinen Angehörigen nach Medina, verkündete allerseits seine Friedensliebe und erntete bei den kämpferisch gesinnten Arabern keine geringe Mißachtung. Sein Weib aber fand in Aïscha eine Freundin, die ganz verstand, welche Last ein solcher jämmerlicher Mann sei, und ihr riet, sich doch seiner zu entledigen, der nichts als eine Schande für den ganzen Stamm bedeute. Da Hassans Frau ganz dieser Ansicht war, ermordete sie ihren Gatten mit dem Gift, das ihr von Aïscha freundlichst überlassen wurde, und genoß dann den Schutz dieser Hüterin des Grabes des Propheten.

Nunmehr blieb noch einer gleichen Blutes übrig, Alis zweiter Sohn, Hussein; mit ihm war seine Mutter Fatima nach Medina zurückgekehrt, eine noch immer ungebrochene Frau, ihrer Mutter Chadidja voll würdig. Im Gegensatz zu Hassan war Hussein ein kriegerisch gesinnter Jüngling, der darauf brannte, seines Vaters Tod zu rächen, ein echter Araber. Es dauerte auch nicht lange, so erhielt er Botschaft, wie er glaubte, von seines Vaters Anhängern, nach Kufa zurückzukehren und Alis Kalifat neu aufzurichten. Zum Beweis der Richtiget dieser Angaben wurde ihm eine Liste gebracht, welche die Namen von 140 000 Getreuen enthielt, die angaben, ihn voll Ungeduld zu erwarten. Das war auch sicher der Fall, nur auf andere Weise, als Hussein annahm. Die Verhandlungen mit Aïscha, die zugesagt hatte, ihnen diesen letzten Fatimiden auszuliefern, hatten den Omaijaden allzulange gedauert, und um eines Einzelnen willen Medina anzugreifen, war ihnen nicht der Mühe wert erschienen. So waren sie froh, auch Hussein endlich in die Hände zu bekommen, wie ihnen der Bote Aïschas angab. Es verlautete, daß Hussein im ganzen 72 Personen mit sich führe, Weiber und Kinder eingeschlossen, so daß es ein leichtes sein würde, ihn zu vernichten.

Bei diesem Bericht muß man eines beachten: Die Sunna stimmt hier mit den Zeiten nicht überein. Husseins Auszug erfolgte nach historischen Angaben im Jahre 680, Aïschas Tod aber schon im Jahre 678. Man kann also mit Recht daran zweifeln, daß auch dies eine Tat der Witwe des Propheten gewesen sei, und annehmen, daß es einer der zahlreichen politischen Schachzüge des jungen Kalifen Jezid war, Sohn des Moawija, der seinem Vater auf den Kalifenthron folgte. Dieser kluge und tapfere Herrscher, der sein hohes Amt nur drei Jahre innehatte, war bekannt für solche Listen, die ihm Verluste an Land und Leuten ersparten. Es kommt übrigens nicht mehr darauf an, die Tatsache genügt, daß Hussein vertrauensvoll davonzog und sich bei Kerbela, das fast gegenüber von Kufa am Euphrat liegt, nahe von Bagdad, mehr als 5000 Kriegern gegenübersah. Der Sohn Alis hat sich hier ganz als Held gezeigt, denn nicht weniger als 33 Wunden wurden ihm beigebracht, ehe er, als der letzte aller, die mit ihm gekommen waren, auf der blutigen Erde des Irak fiel.

Jezid, der nicht gegen Tote kämpfte, zeigte sich edel; er schickte die Weiber und Kinder unter sicherem Geleit nach Medina zurück, so daß dort das Geschlecht der Fatimiden weiterleben und wachsen konnte.

Der Tod Husseins auf dem Schlachtfeld, der seines Bruders wie auch seines Vaters durch Mörderhand bildeten die Grundlage einer Heiligenverehrung, einer Märtyrerbeweinung, die nur dieses eine Mal im Islam vorhanden ist. In Kufa gab es schon die große und schöne Meschhed Ali, sein Grabmal, das ein Wallfahrtsort wurde. Nun erstand in Kerbela auch die prächtige Meschhed Hussein-Hassan. Denn beide Söhne Alis wurden in die gleiche Verehrung aufgenommen, und noch heute werden sie alljährlich bei dem großen Perserfest blutig verehrt. Durch Ali entstand die Schia, die Trennung von der Sunna und vom hergebrachten Erfassen und Begreifen des Korans. Durch Hassan und Hussein entstand hauptsächlich die Buße Persiens, die persische Deutung, die Sühneartung um ihren Tod.

Durch all dies griffen im Gegensatz zur Sunna, bei der der einfache klare Sinnlaut des Korans maßgebend ist, der

Mystizismus und seine Deutungsart um sich. In der Folge bildeten sich zahlreiche Geheimbünde, deren jeder behauptete, das Geheimnis aller Geheimnisse gelöst zu haben. Ihre menschlichen Sinnbilder waren und sind auch heute noch Ali und seine Söhne Hassan und Hussein, die Enkel Mohammeds.

Es ist seltsam, zu bedenken, daß sich in diesem Blute des Propheten Dinge äußerten, die Mohammed fernlagen und fremd waren.

Und seltsam ist es auch, zu wissen, daß der große Feind Mohammeds, der Omaijade Abu Sophian, aus seinem Blute jene Herrscher hergab, die den Islam über die ganze Welt trugen. – Kismet!

Islam

Sehr oft wurde jetzt dieses Wort genannt und blieb doch nur ein Wort, kaum ein Begriff. Denn was ist Islam? Das Wort bedeutet Hingabe. Hingabe an Gott. Aber ist das nicht für den Abendländer ein fast leerer Begriff, lebendig höchstens in Klöstern? Religion ist ein bodenständiges Gewächs, und Hingabe an Gott kann im Abendland nicht das gleiche sein wie Hingabe – Islam – im Orient. Der Abendländer versteht darunter Kasteiung, Martyrium, der Orientale tiefste Daseinsfreudigkeit. Nur weil Mohammed ganz Orientale war, ganz Araber, konnte er, der große Prophet Arabiens, eine Glaubensart für sein Volk schaffen, die ihm aus dem Blut entnommen war, um im Blute zu bleiben. Er schuf aus dem arabischen Leben die arabische Glaubensform, den für den Araber glaubwürdigen Gott, den absolut arabischen Gottesbegriff. Das konnte selbstverständlich nur unbewußt, nur visionär geschehen, konnte nur von einem Genie verwirklicht werden, das instinktiv aufnahmefähig war für alle Strömungen des Seins rings um sich, sowohl für das Volk als auch für die Natur. Dieser Gottesbegriff entstand aus dem Erfassen des absolut Wesentlichen, erfühlt auch aus der Zeitentwicklung. Dieses Erfühlen ist auf allen Gebieten des Schöpferischen bezeichnend für das Genie. Es führt zur Erkenntnis des Göttlichen, wie es bindend sein muß für das Volk, davon Mohammed mit aller Leidenschaft und

129

Liebe des Zugehörigen ein Teil war. Der große Gedanke «Allah», jener Gottvater-Gedanke, der schon die Sternenjungfrauen beherrschend umgeben hatte, wurde im visionären Erkennen des Gottsuchers zu Urquell und Ziel, wurde zu dem vollkommen Schöpferischen, das Geschaffene nach dessen Verlöschen wieder in sich aufnehmend, um es neuschaffend wieder zu erwecken, im ewigen Kreislauf der unerschöpflichen Natur.

Natur! Man darf es niemals vergessen, Natur ist des Arabers Lebensformung, bedeutet ihm Richtschnur, ist ihm Ausdruck göttlicher Wesensäußerung. Natur waren auch die Sternengöttinnen, doch nur die allersinnlichste Natur, die triebhafte, die geistig unschöpferische. In einem Lande wie Arabistan aber, in dem die Dichtung hochstand, in dem das dichterische Umwandeln alles Geschehens fast eine Notwendigkeit bedeutete, um es überhaupt erfassen und genießen zu können, in solchem Lande mußte auch das Triebhafte gewandelt werden, mußte als schöpferische Kraft erkannt und weit über die Ebene des einfach Lebengebenden erhoben werden. Nicht die Töchter, nicht die Sternenmädchen mußten es sein, auf die man sich bezog, sondern der, aus dem sie hervorgingen, der schöpferische Vater, aus dem sie wurden – Allah, der Ewige, der immer Kreisende, der immer Gebende, der Unzerstörbare, kurz: Gott.

Dieses war Mohammeds gewaltiger Gedanke, und in der Größe seines Gedankens ruht das Geheimnis der Macht dessen, was er Arabien, was er der Welt des Orients gab.

Islam, Hingabe. Sein Religionsbild war einfach. Es beschloß des Menschen Tag, des Menschen Tun, des Menschen Verhalten im Leben wie im Tode. Ja, auch im Tode. Denn das war das Neue an des Propheten Schau: das Leben nach dem Tode. Mag er auch viele Verbindungen zum nestorianischen Christentum gehabt haben, mögen ihm auch Bilder aus Jerusalem, aus Judäa, aus Byzanz vorgeschwebt haben: diese Bilder, diese Möglichkeiten kreisten seit Jahrhunderten um die Sinne und Geister der Araber, ohne jemals Eingang in ihr Erfassen gefunden zu haben. Nein, es war nicht christlich, es war nicht judäisch, was Mohammed, der Mekkaner, schuf, es war arabisch und doch neu. Mit dem Begriff des Weiterlebens nach dem Tode wollte er dem Araber ein Ziel zeigen, das jenseits des irdischen Lebens liege und ebenso erstrebenswert erscheine wie alles, was im irdischen Sein wünschenswert bleibt. Stammesehre? Gut! Aber etwas finden, das noch mächtiger, noch lockender sei als das Befolgen der Gebote der Stammesehre, etwas, das über den Stamm hinaushebt und ein Allgemeingefühl schenkt. Denn dies war ja das große Problem: Wie stellt man es an, dem Araber, der nur im Stamm, nur für den Stamm, nur vom Stamm lebt, kämpft, ißt, stirbt, ein Gefühl der Gesamtheit aller zu vermitteln, ihm die große Gemeinschaft zu schaffen, ohne ihn aus seiner jahrtausendealten Gewohnheit allzu schroff zu lösen? Aufzubauen, ohne Bestehendes zu vernichten?

Es ist klar, daß dieses große Erwägen, dieses umfassende Vollbringen nicht aus Menschenkraft allein erreicht werden konnte, nicht von einem Orientalen, nicht von dem, der unter die gewaltige Übermacht der Natur gestellt war.

Hierzu gehörte Demut, und diese Demut war eben Hingabe an den Gedanken des Göttlichen, als dessen Werkzeug sich zu fühlen, Mohammeds fester Glaube war und seine Kraft.

Vergehen würde sein Volk, würde dieses große Arabien, wenn es weiterhin unter dem Götzendienst der Triebe lebte, davon war er überzeugt, aber auch von der dem Araber innewohnenden Gesundheit und seiner Fähigkeit, zu überdauern. Also galt es, ihm die Kraftquelle zu geben, aus der alles wird und ist, ihm Allah, den Allerschaffer, zu geben, in Demut zu geben, selbst ganz Hingabe daran – Islam.

Und er begann, mit der Einfachheit, mit der naturnahen, dichtergewohnten Weise seinen Brüdern darzustellen, wie sie es erreichen könnten, im Sinne dieses großen und unerschöpflichen Begriffes – Allah – zu leben und zu gedeihen. Beten zunächst. Täglich beten, wenn die Sonne aufgeht, die ihn preist, wenn sie im Zenit steht, die ihn preist, wenn sie sinkt, um zu ihm zurückzukehren. Beten in solcher Art, daß man wisse, alles Gute kommt aus ihm, alles Böse ist sein Feind; die Erde, die er fruchtbar macht, ist dankend mit der Stirn zu berühren; der Himmel, den er weit macht, ist zu grüßen; sein Buch, das dem Propheten eingegeben ward, soll man symbolhaft lesen, um das große Wort des Engels Gabriel, das er zu seinem Diener sprach –, das Wort «Koran» – nie zu vergessen. Vor dem Gebet soll man sich reinigen zur Ehre dessen, zu dem man betet; wo kein Wasser strömt, geschehe es mit dem Sand der Wüstenstraßen; man soll wohlriechend sein, wenn man sein Bethaus, die Moschee, betritt, weil er der Inbegriff allen Wohlduftes der Güte, der Erhabenheit ist. Die Frauen soll man mit Schonung und Liebe behandeln, die Alten ehren, den Armen helfen und all dies, weil es Allah wohlgefällig ist und zu seiner Ehre geschieht, nur dazu. Nicht in Zorn oder Rausch soll man handeln, weil man es später bereut und es Allah schmerzt; nicht töten, außer wenn es zu seiner Ehre geschieht; dem Schwachen ein Helfer sein, denn solches ist des Arabers Gebot. Und wenn man so gelebt hat, wird in Allahs Nähe der Platz sein, der wunderbare Garten der Schatten und der rinnenden Wasser, auch der lachenden Frauen für den, der als sein Sohn, Allah zur Ehre, dieses Leben der Mühen, doch auch der Freuden bestanden hat.

Dies ist in Kürze und Geschlossenheit Wesen und Lehre des Islams. Was ihn so mächtig machte, was ihn so lebendig gestaltete, war eben der neue Gedanke einer großen Gemeinsamkeit. Es galten nicht mehr nur die Stammesgesetze, die strengen, unausweichbaren, als einzig maßgebend, nein, man konnte auch Bruder und Freund eines anderen sein, der gleicherweise an Allah glaubte und gleicherweise dem Islam angehörte. Feind war hinfort nur der Ungläubige. Mochte sich der feindliche Stamm an der Grenze des eigenen Gebietes noch so wild gebärden, war er erst einmal gläubig, so gehörte er zum Islam, würde auch er Freund und Bruder sein. Das war es! Dies war offenbar das im Schoße der Zeit schlummernde Werden, das zeitgemäße Geschehen war die große Einheit. Das Genie vermag den Sinn dieser Zeitforderung zu erfassen.

Es gibt ein schönes altpersisches Gleichnis für das Genie: Auf einem großen Platz am Rande der Wüste waren einige Jünglinge versammelt, die sich im Bogenschießen zu üben gedachten. Ein Ziel wurde errichtet, und einer von ihnen, den sie alle als besonders begabt kannten, traf beim ersten Versuch sogleich in die Mitte des weitgesteckten Zieles. Alle waren voll Bewunderung, und keiner konnte es ihm gleichtun, ihm, der unter ihnen das größte Talent war. Als das Wettschießen beendet zu sein schien, kam noch einer herbei, der sich abseits gehalten hatte; er galt als ein Sonderling, wurde viel verlacht und verhöhnt und nahm sonst nie an den Jugendspielen teil. Doch jetzt kam er als letzter herbei, hielt einen unförmigen, selbstgefertigten Bogen und bat, auch schießen zu dürfen. Unter dem üblichen Lachen und Höhnen, besonders auch wegen der Mißgestalt seines Bogens, gaben sie ihm ihre Zustimmung mit der Bemerkung, ihm werde der Meisterschuß doch niemals gelingen. «Gewiß nicht», sagte er leise und bescheiden, wie er immer sprach, «das will ich auch nicht;

laßt mich nur schießen, wollt ihr?» Gnädig gestatteten sie es und sahen dann zu, wie er, kaum zielend, den Bogen anlegte und schoß, ohne sich besonders zu bemühen. Weit, weit flog der Pfeil, weit über das Ziel hinaus, weit in die bläulichen Schatten der sich schon abendlich färbenden Wüste hinaus. «Nun also, du hast geschossen», sagte spöttisch der Sieger, «und wohin? Hast du den Mond angeschossen, der in Kürze heraufsteigt, du armer Wicht?!» Alle lachten. Aber der eine, der Außenseiter, sagte leise: «Wollt ihr nicht nachschauen gehen? An der Spitze meines Pfeiles war ein Diamant; wer den Pfeil findet, dem soll der Diamant gehören.» Sie liefen nun alle davon. Ruhig und seltsam lächelnd blieb der eine wartend stehen. Dann vernahm er ihre Rufe: «Ein Ziel! Ein Ziel ist hier, und wir sahen es nicht! Der Pfeil steckt fest, ganz fest…» Der eine hörte es, wandte sich still ab und ging schweigend davon. Er war das Genie. Er traf das allen unsichtbare Ziel, und an der Spitze seines Pfeiles saß ein Diamant, den sie alle hinfort suchten und immer wieder suchen.

Das ist das uralte orientalische Gleichnis vom Genie; auch an der Spitze von Mohammeds Pfeil saß der Diamant, den sie alle suchten, und auch ihn, den einen, hatten sie verhöhnt und verlacht.

Den harten, ketzerverdammenden Gott der Christen jener Zeit vermied der Islam, ebenso den selbstgerechten, strengen Gott der Juden. Eifrig aber suchte er nach allen denen, die Boten und Verkünder Gottes gewesen waren, und fand in ihnen die große Gemeinsamkeit des Brudertums der Gottesverkünder. Im Koran werden sie immer wieder voll Ehrfurcht genannt, die großen Verkünder: Moses und Jesus. Sie werden in die Gemeinschaft der Gottnahen aufgenommen und immer wieder der Verehrung empfohlen, die denen gebührt, die Gott zu seinen Boten erwählt hat. Der Araber Mohammed verneinte die

Dreifaltigkeit, weil sie ihm zu schwierig zu erfassen schien für den Wüstenmenschen, aber hoch stellte er die Einheit des Gottesbegriffes in seiner Unteilbarkeit und Macht. Er verneinte auch das Sterben Jesu am Kreuze, nannte es ein Blendwerk, das Eblis, der Engel der Finsternis, den Übelwollenden vorgezeigt habe, denn niemals könne Reinheit, Kraft und Güte mit Gottes Willen auf schmähliche Art vernichtet werden. Er verneinte auch die Vaterschaft Gottes als Erzeuger Jesu, wohl aus der Ablehnung des jahrtausendealten Zeugungsbegriffes der sabäischen Kultformen heraus. Aber immer wieder wird im Koran Maria, die Mutter Jesu, genannt, sie wird angeredet und verherrlicht:

«Die Engel sprachen – o Maria, siehe, Allah hat dich gereinigt und auserwählt vor den Weibern aller Welt; o Maria, sei andachtsvoll zu deinem Herrn und wirf dich nieder und beuge dich mit den sich Beugenden. O Maria, siehe Allah verkündet dir ein Wort, das fleischgewordene von ihm; sein Name ist der Messias, Jesus, Sohn der Maria, angesehen und verehrt hienieden, im Jenseits aber einer der Allah Nahen.»

Vielfach und immer wieder kommt infolge der unzähligen Wiederholungen im Koran diese Art Anrufung vor, die stets aufs neue die Verehrungswürdigkeit Marias und Jesu kündet, sie Miriam genannt, er Ischa.

Weiträumig und voll klarer Einfachheit ist dieses Buch, der Koran, wenn man von seinen vielen Verordnungen absieht, die für das Leben und die Lebensführung erlassen sind, und deren Wiederholungen ermüdend wirken. Wo es sich aber um Gott und die Gottnahen handelt, da strahlt und leuchtet der arabische Dichter, der auch in Mohammed lebte, juwelengleich hervor – der Diamant an der Pfeilspitze! Aber eben die Einfachheit war es, die dem Werk Mohammeds nicht belassen bleiben sollte. Solange der Prophet lebte, gab es keinen, sei er auch der verwegenste, der es sich herausnahm, an einem seiner Worte auch nur zu deuteln oder das in Frage zu stellen, was im Koran stand und daraus wiederholt ward. Doch darf nicht vergessen werden, daß es überall geistigen Hochmut gibt, und daß es dem Gelehrten, dem, der auf sein Wissen stolz ist, unsagbar schwer wird, sich einem einfachen Geiste unterzuordnen, sei er auch noch so erhabener Art. Dennoch aber ist und bleibt es trostreich, daß die drei großen Gottesboten, Buddha, Jesus, Mohammed, alle in höchster Einfachheit kündeten, was ihnen zu sprechen gegeben ward, fern aller Gelehrsamkeit, fern allem menschlich erworbenen Wissen. Dem arabischen Propheten gegenüber machte sich hauptsächlich die immer sehr hochmütige Geistesschicht Persiens bemerkbar. Sie hielt sich zu seinen Lebzeiten zurück, trat aber desto deutlicher auf, als sich der erste Riß in der Einheit der islamischen Lehre zeigte, als der Streit um die Rechtmäßigkeit von Alis Kalifat begann.

Der Irak, zu dem Kufa gehörte, grenzte unmittelbar an den Iran; war der Streit zwischen dem in Persien herrschenden Glauben an Zerduscht und der neuen Lehre Mohammeds auch schon auf blutigen Schlachtfeldern ausgetragen worden, wobei der Islam gesiegt hatte, so blieb doch in und um Isfahan noch genug des Zweifels und des hochmütigen Ablehnens übrig, um verstehen zu lassen, mit welch großer Anteilnahme der Iran die Ereignisse im Irak um Ali verfolgte. Fast unmittelbar nach dem Kalifenstreit bildete sich eine Gemeinde persischer Halb-Mohammedaner, die in einer seltsam anmutenden Leidenschaftlichkeit die alleinige Rechtmäßigkeit Alis verkündeten und seine drei Vorgänger in der Vertretung des Propheten für Verräter an Mohammed erklärten und verdammten. Sie erkannten nur Alis Söhne als Kalifenerben an, nur Hassan und Hussein. Und was viel wichtiger und bedeutungsvoller war, sie begannen sogleich damit, am Koran herumzudeuteln, um in seinen einfachen und klaren Sätzen verborgene Hinweise zu entdecken, die auf die Nachfolge Alis, nur dieses einen geistigen Sohnes des Propheten, bezogen werden könnten.

Es ist niemals schwer, allerlei umzudeuten, wenn man sich nicht an den klaren Wortlaut hält, und bald trat hier das gleiche ein wie im Judentum, als die Mystiker begannen, aus der Thora die Kabbala herauszuschälen. Dort wurde erklärt, nicht der Buchstabe sei das wesentliche, vielmehr die Zahl, die er darstelle, und man versuchte, die fünf Bücher Mose auf diese Weise zu einer großen versteckten Hintergrundsdeutung umzuwandeln, zu einem Gestrüpp verschlungener Zahlenpfade. Ähnliches vollzog sich durch die Schia, die Glaubensspaltung, die hinter jedem Worte des schlichten und klaren Bildes, das Mohammed den Gläubigen entworfen hatte, einen Begriff suchte, der verschlungen und vieldeutig war, und je nach Bedarf so oder so gedeutet werden konnte.

Zunächst einmal wurde festgestellt, daß Ali der Imam gewesen sei, der gottnahe Mensch, der allem Göttlichen näher ist als sonst die Menschen. Dieser Imam habe in Gestalt Alis den großen Propheten auf Erden abgelöst, und ihm werde immer wieder ein Imam folgen, solange einer seines Geschlechtes lebe. Auf diese Weise wurde der Begriff des ewigen Imamats geschaffen, der heute noch unter den Mystikern des schiitischen Islams lebendig ist und darlegt, daß am letzten Tage der Welt der ewige Imam erscheinen werde, er, der die Verkörperung aller höchsten göttlichen Möglichkeiten in menschlicher Gestalt darstellt. Er werde dann alle Völker versöhnen und zu einer einzigen gewaltigen Bruderschaft zusammengeschlossen vor Allah bringen. Dieses ewige Imamat hat, nach Ansicht der Schiiten, Ali begründet, als er seinen Märtyrertod starb, wie seine Söhne nach ihm. Heute noch feiern die Perser das große Fest des Gedenkens an Ali und an seiner Söhne Tod; auf einen reinen Schimmel wird ein Sattel aus goldbesticktem rotem Samt gelegt, und darauf werden zwei weiße Tauben mit den Ständern festgebunden. Das Pferd wird durch alle Straßen geführt von weißgekleideten Männern und Jünglingen, die sich mit nackten Schwertern selbst schlagen, dabei laut und immer lauter die Namen rufend: «Hussein – Hassan –!»

Die Tauben sind Symbole für die Seelen der beiden Ali-Söhne, und die Klagenden, sich selbst Zerfleischenden sind Büßer, weil sie damals dem Imam Ali nicht zu Hilfe eilten, ihn und seine Söhne vor den Sunniten zu retten.

Auf diesem Boden gedeihen natürlich die mystischen Gemeinschaften; die verschiedenen Geheimorganisationen erwachsen aus der ihrerseits weitergeführten freien Deutung des göttlich offenbarten Wortes. So verborgen der Imam lebt, der der zwölfmal zwölfte nach Ali und eben jener Weltversöhner sein soll, so verborgen bildeten sich die verschiedensten geistlichen Scheiche. So gab es den siebenten Abkömmling nach Ali, Ismail, auch eine Menschwerdung des Imamats, dessen Möglichkeiten nahezu unbegrenzt an Deutungskraft sind. Dieser Ismail ist das geheime Haupt einer noch heute sehr mächtigen Sekte, deren Oberster mit nahezu unbeschränkter Macht über alle seine Anhänger, die Ismailiten, ausgerüstet ist und in ihnen auch willige Werkzeuge findet, zu welcher Tat immer. Die großen religiösen Organisationen Persiens, die sich nahe an den Islam anlehnen, gehören dennoch den Schiiten an und üben eine mystisch verbrämte Herrschaft über ihre Gläubigen aus. Diese ganze Sucht, den Koran auf geheimnisvolle Weise zu deuten und abzuwandeln, schuf dann den großen Orden der Sufisten, der sich über Arabien und ganz Asien verbreitete und sich die Dichtung dienstbar machte, um sie in der Verkündigung seiner Weisheiten zu verwandeln. Die Sufisten waren es auch, die mit den Omaijaden nach Spanien zogen und dem Mystizismus solch breite Straße bereiteten, daß er sich in die christlich-katholische Gottes-Schau einschlich und dort die große Wandlung durchmachte, die der westlichen Welt den gottnahen Mystizismus bescherte.

Die Schiiten haben vieles vom indischen Geistesgut übernommen und das Bild des Islams für sich stark gewandelt; beispielsweise verneinen sie die Vorausbestimmung, das Kismet, und erkennen dem Menschen den freien Willen, aber auch die persönliche Verantwortung zu. Sie leugnen ferner, daß der Koran, wie die Sunna es kündet, von Anfang an vorhanden gewesen und nur aufbewahrt worden sei bis zur Mitteilung durch den einzig würdigen Boten. Vielmehr meinen die Schiiten, der Koran sei erschaffen worden wie jede Blume, jede Wolke, ja, wie die Sonne. Auch kündet der Schiismus, Mohammed sei nicht der letzte Prophet, wie es die Sunna sagt, es werde vielmehr einer noch kommen vor dem letzten Imam, und ihm bereite der Schiismus den Weg.

Alles dies sind die eher spitzfindigen Abzweigungen der einfachen Lehre des Propheten, von geistig Höherstehenden, die auf ihre Bildung stolz sind, gefunden und verbreitet, geglaubt von denen, die auch «verstehen» wollen und nicht schlicht glauben, befolgt auch von denen, die als Oberhäupter geheimer Organisationen ihre Macht auszuüben gedenken. Doch ungeachtet dieser Spaltung lebt der Islam in seiner Einfachheit und Kraft als Halt und Gemeinschaftsgedanke unter Millionen von Menschen weiter; Millionen hören täglich fünfmal den Muezzin zum Gebet rufen, vom Minarett herab, das als Leuchtturm gedacht ist, leuchtend allen, die dem Wort des Gebetrufers lauschen, der kündet, daß Gott der Eine Einzige sei und

Mohammed sein Bote; daß Gott barmherzig und groß sei, und daß es würdig sei, zu ihm zu beten – darum kommt – kommt!

Und sie kommen zu mehr Millionen, als der Westen es sich träumen läßt, denn für sie ruht es sich gut in der starken Hand Gottes, den Mohammed ihnen gegeben und gekündet hat, und von dem er in seinen berühmten Thronversen (256) der zweiten Sure so spricht:

«Allah! Es gib keinen Gott außer ihm, dem Lebendigen, dem Ewigen! Nicht ergreift ihn Schlummer und nicht Schlaf. Sein ist, was in den Himmeln ist und was auf Erden. Wer ist's, der da Fürsprache einlegt bei ihm ohne seine Erlaubnis? – Weit reicht sein Thron über die Himmel und die Erde, und nicht beschwert ihn beider Hut. Denn er ist der Hohe, der Erhabene.» – «Allah ist der Beschützer der Gläubigen, er führt sie aus der Finsternis zum Licht.» (258)

Und sie glauben und sind ihm ganz hingegeben – Islam!

ISLAMISCHE

CHRISTUS-

LEGENDEN

Vorwort

Mohammed und das Christentum

Auf halbem Wege zwischen Jeruschalahim – wie Jerusalem damals hieß – und den Karawanenstraßen befand sich das Nestorianer-Kloster ‹Zur geweihten Einkehr›. Aus Dankbarkeit dafür, daß Mohammeds Fürsprache bei seinem Oheim, dem Hüter des Heiligen Steines der Kaaba, ihnen Asyl gewährt hatte, gaben die aus Byzanz geflohenen Mönche Mohammed, der immer wieder im Auftrag seiner damaligen Brotherrin mit deren Karawanen des Weges daher kam, ihrerseits Asylrecht, ebenso allen seinen auf der alten Handelsstraße stets wiederkehrenden Begleitern. Wie sollten diese Nestorianermönche wissen oder auch nur ahnen, daß einer dieser mit seinem Troß von Handel treibenden Daherziehenden einstmals der Prophet Arabiens sein würde? Sie glaubten, nur einer Pflicht der Dankbarkeit zu gehorchen, und wußten nicht, daß sie der Befreiung Arabiens vom Ketzerdienst an den Sternengöttinnen dienlich waren und so in einem gewissen Sinne zur Rückkehr zum Göttlichen verhalfen. In langen Gesprächen hielten sie den hochbegabten jungen Menschen gefangen, mochten sie wohl annehmen, daß er für die christlichen Lehren empfänglich sei. Es wäre natürlich für sie ein Ruhmesblatt gewesen, wenn sie ihn zum Christentum herübergezogen hätten, ging es doch gewissermaßen um den Erben der Kaaba. Es gelang ihnen zwar nicht, den jungen Mohammed zum Christentum zu bekehren, weil er die Lehre von der Dreieinigkeit nicht verstehen konnte und es ihm auch unverständlich blieb, wieso Gott einen Sohn haben und ihn einen solch qualvollen Tod sterben lassen konnte. Dennoch war ihr Bemühen nicht erfolglos. In der 19. Sure des

Korans, die von Maria handelt, ist nahezu wörtlich die Verkündigung an die Jungfrau Maria wiedergegeben, der die Verkündigung an den Priester Zacharias, dessen Weib Elisabeth unfruchtbar war, vorangestellt ist wie im Lukas-Evangelium. Diese Art, beide Verkündigungen, die der Geburt Johannes des Täufers und die Jesu, die ja in engem Zusammenhang miteinander stehen, in einem abzutun, lag im arabischen Wesen.

Wörtlich heißt es in dieser 19. Sure von Zacharias, der den verkündenden Geist – wohl den oft erwähnten Engel Gabriel – um ein Zeichen gebeten hatte: «Dein Zeichen sei, daß du, wiewohl gesund, drei Nächte lang nicht zu den Leuten redest.» Und er schritt hinaus zu seinem Volk aus der Nische und deutete ihnen an: «Preiset den Herrn morgens und abends.»

Weiter heißt es dann von Johannes: «O Johannes, nimm hin die Schrift in Kräften, und wir gaben ihm Weisheit, da er ein Kind war, und Mitleid von uns und Reinheit; und er war fromm und voll Liebe gegen seine Eltern und war nicht hoffärtig und trotzig. Und Frieden auf ihn am Tag seiner Geburt und am Tag, da er starb, und am Tag seiner Erweckung zum Leben!»

Und von Maria gebot der Geist Gottes Mohammed zu sagen: «Da sie sich von ihren Angehörigen an einen Ort gen Aufgang zurückzog und sich vor ihnen verschleierte, da sandten wir unseren Geist zu ihr, und er erschien ihr als vollkommener Mann. Sie sprach: ‹Siehe, ich nehme meine Zuflucht vor dir zum Erbarmer, so du ihn fürchtest.› Er sprach: ‹Ich bin nur ein Gesandter von deinem Herrn, um dir einen reinen Knaben zu bescheren.› Sie sprach: ‹Woher soll mir ein Knabe werden, wo mich kein Mann berührt hat und ich keine Dirne bin?› Er sprach: «Also sei's! Gesprochen hat dein Herr: ‹Das ist mir ein leichtes, und wir wollen ihn zu einem Zeichen für die Menschen machen und einer Barmherzigkeit von uns. Und es ist eine beschlossene Sache.› Und so empfing sie ihn und zog sich mit ihm an einen entlegenen Ort zurück. Und es überkamen sie die Wehen an dem Stamm einer Palme. Sie sprach: ‹O daß ich doch zuvor gestorben und vergessen und verschollen wäre!› Und es rief jemand unter ihr: ‹Bekümmere dich nicht, dein Herr hat unter dir ein Bächlein fließen lassen. Und schüttele nur den Stamm des Palmbaumes zu dir, so werden frische reife Datteln auf dich fallen. So iß und trink und sei kühlen Auges (getrost), und so du einen Menschen siehst, so sprich: ‹Siehe, ich habe dem Erbarmer ein Fasten gelobt, nimmer spreche ich deshalb heute zu irgendjemand›. – Und sie brachte ihn zu ihrem Volk, ihn tragend... und sie deuteten auf ihn. Sie sprachen: ‹Wie sollen wir mit ihm, einem Kind in der Wiege, reden?› Er (Jesus) sprach: ‹Siehe, ich bin Allahs Diener. Gegeben hat er mir das Buch, und er machte mich zum Propheten. Und er machte mich gesegnet, wo immer ich bin, und befal mir Gebet und Almosen, solange ich lebe, und Liebe zu meiner Mutter, und nicht machte er mich hoffärtig und unselig. Und Friede auf den Tag meiner Geburt und den Tag, da ich sterbe, und den Tag, da ich erwecket werde zum Leben!› – Dies ist Jesus, der Sohn der Maria, das Wort der Wahrheit, das sie bezweifeln. Nicht steht es Allah an, einen Sohn zu zeugen. Preis Ihm! Wenn er ein Ding beschließt, so spricht er nur zu ihm: ‹Sei!› und es ist...».

Soweit diese Sure.

Jesus, den sie Ischa nennen, ist. Und er ist das Erhabenste, das uns Mohammed hinterlassen hat: Ischa, der große Überwinder, Ischa, der Sieghafte, Ischa Hasaretlereh, das ist Ischa, der Geweihte, der zur Rechten Allahs weilen darf, weil er das Abenteuer des Menschseins siegreich überwand. Er, der aus dem Frieden Allahs immer wieder zurückkehrt, um den Kindern der Wüste zu helfen, wenn sie streiten, weil seine Sendung als Hüter des Friedens es erfordert. Helfer ist er in allen Notlagen, der große mächtige Helfer, dessen Stimme aus der Höhe erklingt und die sie nach Angst und Schrecken auch in dem fürchterlichsten Shimum erkennen, Ischa Hasaretlereh, Ischa, der Gesegnete.

Ich traf ihn in der Wüste an und möchte hier einige der Legenden erzählen, deren es noch viele, viele gibt. Der Orientale hört sie sich stundenlang an, namentlich wenn sie im Versrhythmus erzählt werden, was allerdings für ein europäisches Ohr eine peinvolle Sache ist. Denn wir empfinden dieses Vortragen nur als ein Leiern, und selbst ein so großer Orientalist wie Enno Littmann konnte diese Vortragsart nie lange mit anhören. Er sagte mir einmal, daß er auch die Schönheit der türkischen Märchen erst durch meine Art, sie zu erzählen, voll verstanden habe, die türkische Art sei ihm unerträglich gewesen. Und Enno Littmann ist gewiß einer der größten Kenner des Arabischen und seiner Besonderheiten, anerkannt selbst von der hochmütigsten Universität der Welt, der Medresse in Kairo, die ihm die Ehre gab, dort Arabisch zu dozieren. Nie werden wir einen größeren Orientalisten haben.

Mir aber sei gestattet, die Christuslegenden des Islams in schlichter Prosa zu erzählen, bewußt auf jedes Versmaß verzichtend.

Elsa Sophia von Kamphoevener

Begegnung in der Wüste

Wir waren in der Wüste unterwegs und mußten uns lagern, weil der Shimum heraufzog, beängstigend wie immer mit seinem seltsamen Pfeifen und der plötzlichen Dunkelheit: Die Kamele lagen, und wir deckten die Burnuse über sie und uns, Schutz hinter ihnen suchend. Der Karawanenführer hatte seinen kleinen Sohn mitgenommen, und der Knabe begann zu klagen, er fürchte sich so sehr. Sein Vater hob ein wenig die Hülle, die sie beide deckte, und hielt Ausschau, sah auch in dem finsteren Wolkengewirr eine kleine helle Stelle.

«Sieh nur hin, mein Sohn, blicke dort oben hin. Siehst du das Helle dort? Nun, das ist der Glanz von Ischas Hand. Soll man bangen, wenn Ischas Hand zu erblicken ist?»

Der Kleine sagte beruhigt und glücklich: «Wenn Ischa bei uns ist, ist alles gut», und schlüpfte zufrieden wieder unter den Burnus.

So traf ich zum ersten Male Ischa in der Wüste.

Die drei großen Propheten und
die drei geweihten Geburten

Es gibt für den Islam drei große Propheten. Moses, Jesus und Mohammed. Jede Erwähnung geschieht mit dem Zusatz: «Dessen Name gesegnet sei.» Der Name Jesu, der auch heute noch im Orient sehr verbreitet ist, lautet für Jesum Christum: Ischa Hasaretlereh, welches heißt: der Verehrungswürdige, der Gesegnete.

Die bekanntesten Legenden beginnen bei seiner Geburt, doch enden sie nicht bei seinem Tode. Es ist bemerkenswert, daß die wunderbare Geburt bei drei großen Religionsstiftern festgestellt wird, nämlich – in chronologischer Reihenfolge gesehen – bei Buddha, bei Christus und bei Mohammed.

Obgleich sowohl bei Buddha als auch bei Mohammed die tatsächlichen Ereignisse um die Mutter, den Vater und die Familienzugehörigkeit vollkommen bekannt sind, wird auch ihre Geburt in die Legende transponiert, und zwar seltsamerweise in die Jesu, wobei sogar die Namen der Mütter die gleichen sind. Die Mutter von Buddha heißt Maja, die Mutter Jesu Mirjam – in der orientalischen Deutung für Maria –, die Mutter Mohammeds Mara; es ist immer der gleiche Name. Bei der Mutter von Mohammed kommt allerdings noch etwas hinzu: Mara heißt im Hebräischen ‹bitter›. Und sie trägt diesen Namen vielleicht deshalb, weil sie die größte Feindin der Lehre ihres Sohnes war. So hat man ihr den Begriff des Bitteren für alle Ewigkeiten gegeben, soweit Menschen von Ewigkeiten sprechen dürfen. Aber das Ereignis der Geburt selbst ist immer in der gleichen Weise geschildert, nämlich so:

Die Geburt fand in der Wüste statt. Die Frau, die das heilige Kind trug, begab sich in die Wüste, in die unendliche Ferne, um ganz von den Menschen entfernt zu sein. Öde war alles um sie. Doch als der erste leise Schmerz sie überfiel, wuchs zu ihren Füßen eine Palme auf, und während sie hinaufschaute und leise sagte: «Es schmerzt», wuchs dieser Baum zu gewaltiger Höhe, spendete Schatten mit seinen Blättern und neigte sich dann über sie, sie verbergend. Als seine Blätter den Boden berührten, entsprang an dieser Stelle ein Quell. Der Quell verbreitete Kühle und Frische. Und so, in aller Verborgenheit, ward schmerzlos das geweihte Kind geboren.

Dieses ist die große Geburtslegende des Heils, wie sie auch auf Ischa angewendet wurde.

Die gesegnete Hand

Der Knabe, der aufwuchs im Bereich des Hauses seines irdischen Vaters, pflegte wenig mit den Kindern des Viertels, in dem er lebte, zu tun zu haben. Er war bekannt als ein Sonderling. Doch war er nicht wie sonst Sonderlinge verhaßt und verachtet von den anderen Kindern, vielmehr blickten sie immer wieder dorthin, wo er abseits in aller Stille saß. Es war, als ob sie spürten, daß, wenn irgendein Zorn sie packte und sie sahen hin zu ihm, dieser Zorn sich in ein befreites Lachen lösen würde. Und deshalb gaben sie ihm, schon als er ein kleiner Knabe war, den Namen ‹Ischa gülileh› – ‹Ischa, der Lachende›. Und obgleich er nicht lachte, schenkte er ihnen schweigend die göttliche Heiterkeit.

Gegenüber der Werkstatt seines irdischen Vaters befand sich die Werkstatt eines Töpfers. Dieser Töpfer pflegte für das Taubenschießen Tontauben herzustellen. Eines Tages hatte er vor seiner Werkstatt in der Sonne ein Gestell mit zahlreichen Tontauben zum Trocknen aufgestellt. Das war für die Knaben des Viertels etwas Wunderbares, und sie sammelten die Taschen voll kleiner Steine, legten sie auf ihre Schleudern und schossen damit auf diese Tauben, die dann selbstverständlich alle in Scherben gingen. Darauf stürzte der Töpfer entrüstet heraus und rief: «Waih, was habt ihr mir getan? Diese waren mir bestellt, und nun bin ich ein geschlagener Mann!» Er klagte und schrie, wie es eben in einem solchen Falle ein Kaufmann im Orient tut. Da die Knaben ihn auslachten, holte er einen Stecken, um sie zu züchtigen, obgleich er sie niemals erreicht hätte, denn sie liefen lachend und schreiend davon. Geschah auch den Knaben nichts, so kam doch Ischa aus dem Schattenwinkel, in dem er zu sitzen pflegte, hervor und sagte zu dem Töpfer: «Aber Töpfer, warum erregst du dich denn – diese Tauben sind ja nicht zerbrochen!»

«Was redest du für Torheit?», sagte zornig der Töpfer, «siehst du nicht, wie sie hier in Scherben liegen?»

«Du siehst Scherben, Töpfer? Warte einen Augenblick, so wirst du keine Scherben mehr sehen!»

Und er strich mit seinen gesegneten Händen über diese Scherben und glaubte, es würden nun wieder Tontauben werden wie vorher. Aber er kannte die Segenskraft seiner Hände noch nicht, und deshalb erhoben sich aus den Tonscherben lebende Tauben und flogen über ihren Köpfen herum. Die Knaben, die wieder nahe gekommen waren, wichen scheu zur Seite, denn sie fühlten ein geheimnisvolles Geschehen.

Der Mann aber schalt weiter: «Was nützt mir der Taubenflug da oben – ich will meine Tontauben wiederhaben!»

«Du sollst sie haben», sagte Ischa, «da du das Lebende nicht wertest, sollst du das Tote zurückerhalten!» Und er setzte sich auf den Boden und zeichnete mit seinen Händen in den Staub die Umrisse von Tauben. Da lagen dann die Tontauben wieder unversehrt. Der Mann stand starr und sagte voll Ehrfurcht: «Welch gesegnete Hand schafft hier für mich?»

Es war aber das erste Mal, daß das Wort von der gesegneten Hand Ischas gesprochen wurde.

Der Schatten Ischas

In der Syrischen Wüste schritt er dahin wie auch in der Ägyptischen Wüste, und die brennende Sonne berührte sein Haupt.

Einer Karawane kam er näher, deren Anführer völlig erschöpft auf seinem Kamel hing, und die hinter ihm daherkamen, sahen und wußten nichts mehr; sie waren halb verdurstet.

Ischa ging dorthin, und der Karawanenführer belebte sich einen Augenblick bei diesem Anblick und sagte: «Deine Locken werden versengt, Ischa. Ischa, du gehst ohne Schatten!»

Der Schatten und das Wasser sind aber die beiden Äußerungen Gottes für den, der sich in der Wüste bewegt.

Ischa sagte: «Gehe ich wirklich ohne Schatten?» Und er hob seine Hände über den Kopf. Da erschien es wie ein weiter Schatten über ihm, und dieser Schatten breitete sich über die ganze Karawane aus. Die Kamele blieben stehen, und als sollten sie ihrer Last entladen werden, fielen sie nieder und ruhten. Dichter wurde der Schatten; die Menschen richteten sich auf, atmeten tief, sagten leise und beglückt: «Wie wunderbar kühl ist es geworden!»

Ischa betrachtete sie lächelnd, und jedem war, als sähe er nur ihn allein an. Dann sagte der Gesegnete: «Meine Brüder, mir scheint, ihr dürstet!» Langsam ging er an der ganzen Karawane rückwärts und noch einmal vorwärts entlang. Wo aber seine Füße den Sand berührt hatten, sprangen Quellen hoch. Die Männer, die Jünglinge, die Knaben sanken nieder, tranken, tranken sich Labung. Auch die erschöpften Tiere taten ein gleiches. Erfrischt, neubelebt schauten sie sich um, wollten ihm, der sie gelabt und gerettet hatte, danken. Doch war nichts mehr von ihm zu sehen. Da erhoben sie die Hände hoch in den wunderbaren Schatten hinein und riefen: «Ischa Hasaretlereh, Gesegneter Gottes, sei bedankt!» Und sie zogen weiter ihres Weges. Der Schatten Ischas aber blieb über ihnen, bis sie in den Schutz ihrer heimatlichen Zelte gelangt waren, und mit dem Schatten zugleich Ischas Schutz.

Die leuchtende Hand und die lachende Stimme

Eine Karawane verirrte sich in den unbarmherzigen Dünen der Wüste. Diese Dünen sind von erschreckender Wandelbarkeit. Man ist vielleicht vor drei Tagen hindurchgezogen und prägt sie sich ein: dort ist eine zweite, dritte, vierte auf der linken Seite, und viel weiter rechts sind wieder welche. Wenn man nun nach Tagen des gleichen Weges zieht, so ist doch alles verändert, denn der unterste harte Steinboden der Wüste wird dann unversehens von den Wanderdünen enthüllt, und man findet sich nicht mehr zurecht.

Und so verirrte sich wieder eine Karawane. Fromme Männer des Islams waren dabei, die nach den geweihten Stätten ziehen wollten, und sie fanden sich nicht mehr zurecht. Nach langem Umherirren legten sie sich mit der Ergebenheit des Moslims auf den Boden nieder und sagten: «So komme denn das Ende über uns!»

Da erklang plötzlich in der tiefen Dunkelheit eine Stimme, und die Stimme sagte: «Steht auf und folgt mir!» Zu gleicher Zeit sahen sie ein leuchtendes Licht in Gestalt einer Hand. Einer der Jünglinge, im Knabenalter fast noch, schrie entsetzt: «Ein Djinn, ein böser Djinn!»

Da sagte die Stimme: «Aber wie denn ein Djinn – kennt ihr meine Stimme nicht mehr?»

Die Männer sprangen auf und riefen: «Es ist Ischa! Ischa ist es! Wir sind gerettet!»

Ein Lachen antwortete ihnen, und die Stimme sagte: «Nun, wir kennen uns doch! Folgt mir, ich führe euch!»

Die leuchtende Hand und die lachende Stimme führten sie in die Geborgenheit.

Der Fischer am Roten Meer

Da war ein Fischer am Roten Meer. Er war ein sehr armer Mann und lebte mit den Seinen vom mühsamen Fischfang. Denn es ist sehr schwer, von den Erträgnissen des Roten Meeres seinen Verdienst zu haben, ist doch dieses heiße Meer, dieses schwere Wasser nicht gut für den Fischfang. Der Fischer aber hatte keine anderen Möglichkeiten, den Seinen ihren Lebensunterhalt zu beschaffen, und er besaß nur ein kleines Boot. Er war am Ufer mit dem Herrichten der Netze beschäftigt, da erhob sich einer der seltenen Stürme, die am Roten Meer von nirgendwo auftauchen, und trieb sein Boot davon. Hilflos sah der Fischer es davontreiben; seine klagende Stimme verhallte wesenlos im Aufruhr der Wellen.

Plötzlich aber rief über den Sturm hinüber, gewaltiger als das Brausen des Meeres und das Heulen des Sturmes, eine andere Stimme: «Klage nicht, mein Bruder, ich helfe dir!»

Der Fischer verstummte. Er legte die Hände über der Brust zusammen, verneigte sich tief und murmelte: «Ischa hat gerufen!» Reglos wartend stand er da, und dann sah er, wie Ischa über die erregten Wellen geschritten kam, das verlorene Boot des Fischers nach sich ziehend, so wie einer des Weges geht und seinen Hund an der Leine mit sich führt.

Der Fischer fiel nieder und lag regungslos am Boden.

Ischa kam nahe zu ihm, gab ihm die Leine des Bootes und sagte: «Du weißt, mein Bruder, ich habe immer gern mit Fischern und der See zu tun gehabt; sieh, ich habe dir auch dein Boot mit Fischen gefüllt zurückgebracht. Sei du nun zufrieden und voll Freude, mein Bruder!»

«Wie könnt' ich nicht, da Ischa zu mir sprach», sagte andächtig der Fischer.

Aber schon war Er nicht mehr zu sehen, der Gesegnete.

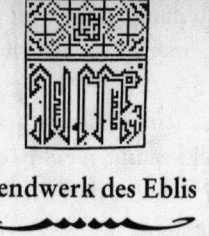

Blendwerk des Eblis

Wenn heute in der Wüste plötzlich ein Wolkenschatten die qualvolle Helle mildert, gibt es viele, die sagen: «Es sind die Flügel der Engel!» Andere sagen: «Es ist die Hand Ischas!» Beide meinen das gleiche. Lebendig ist Er und geht immer weiter durch die Wüste, und unter seinen Füßen brechen Quellen auf, und die Qual verstummt. Denn wenn ein Bettler an der Karawanenstraße am Verdursten ist, sagen viele: «Halte noch ein Weilchen aus, Ischa kommt und stillt deinen Durst!» Und da Er lebendig, immer gegenwärtig ist, glaubt niemand an Seinen Tod. Die Art, in welcher der Westen Seinen Tod schmählich zeigt, wird als ein Blendwerk angesehen, denn der Muslim sagt: «Dieser, der ein Sohn göttlicher Kräfte war, der Allah nahe ist von Anbeginn, kann so verlassen nicht sterben. Jedoch Eblis, der dunkle Engel, zeigt sein Blendwerk denen, die ihm verwandt sind, und nur sie erblicken, was er dem Sehvermögen ihres Geistes anpaßt. Die Söhne Allahs aber sehen diesen herrlichsten Sohn des göttlichen Erbarmens immer lebendig, immer lachend als einen Sieger – Ischa Hasaretlereh – Er, der Gesegnete, der für alle Zeiten bleibt.»

Der ewige Imam

Am Ende aller Dinge werden die Schlangen sein, die die
Zeit umschlingen. Sie ruhen auf einem tiefen, tiefen
Grunde, und eine hält die andere an der Spitze ihres
Schweifes fest, und so umschlingen sie die Zeit. Solange sie
sich nicht rühren, gibt es die Zeit. Wenn aber der Ruf
kommt, der gewaltige Ruf, der Ruf der drei Stimmen, der
Ruf Moischis, der Ruf Ischas, der Ruf Mohammeds, und
dieser Ruf sagt: Jetischdik – das ist: wir sind angelangt,
dann lösen die Schlangen ihren Griff am Schweif der anderen, und die Zeit ist nicht mehr! Ein riesenhafter schwar-
zer See tut sich auf, und in diesen See stürzen sich alle
Meere und alle Fische der Meere. Die Fische aber sind es,
die die großen Geheimnisse hüten. Die Fische sind es, die
nicht nur das Leben des Meeres bedeuten, sondern auch
Geheimnisvollstes, das Menschen nie sehen und wissen.

Und so stürzen alle Geheimnisse und alle Sehnsüchte
der Menschen mit den Fischen zugleich in diese dunkle,
gewaltige Tiefe. Als letztes aber stürzt der Mond hinein
und sein Licht, während die Sonne noch oben bleibt, gehalten von diesen drei Stimmen, denn sie sind das Licht.

Und aus dieser Sonne kommt dann der ewige Imam. Er
ist es, auf den der Muslim wartet, denn er weiß: der ewige
Imam vereint alles, was Menschen jemals geglaubt und
worum Menschen jemals gekämpft haben.

Alle Wunden, die sie sich geschlagen haben im Namen

Ischas, im Namen Mohammeds, im Namen Moischis, alle diese Wunden vergehen, und plötzlich ist der gewaltige Friede da.

Und der ewige Imam steigt auf dem letzten Sonnenstrahl hinab zum letzten Mondlicht, das sich dort unten im Schlangenteich bewegt. Und dann ist die Welt vollendet.

Die Tauben des Islams

Der Prophet Mohammed hatte natürlich viele Feinde, denn seine Lehre war den seither allen Freuden und Lastern des Lebens im Dienst der Sternengöttin ergebenen Arabern höchst unbequem. Daß es nur einen einzigen Gott gäbe, dieser aber, zu heilig, um ihn jemals darzustellen, fünfmal des Tages durch Gebet verehrt werden müßte, war schon eine Unbequemlichkeit, der noch dazu jedesmal Waschungen in klarem Quellwasser oder, wenn es nicht erreichbar war, im Wüstensande vorauszugehen hatten. Auch die sieben Stufen der Glückseligkeit, die durch entsprechenden Lebenswandel zu erreichen waren, und die sieben Stufen der Verdammnis waren eine Belastung des täglichen Lebens, die die Diener der Sternengöttin empörte. Durften sie sich nach diesen neuen Lebensvorschriften doch auch nicht mehr beliebig viele Frauen zu eigen machen, sondern höchstens noch vier, und diese vier durften in keiner Weise verwandt mit dem Manne sein und mußten von ihm alle gleich gehalten werden, in Kleidung, Schmuck, Wohnung, Dienerschaft und auch in seiner eigenen Aufmerksamkeit.

Alle diese Unbequemlichkeiten waren im höchsten Grade aufreizend, und so hatten es die, die Mohammed um jeden Preis beseitigen wollten, nicht schwer, Anhänger zu finden. Als ‹Verderber des Vaterlandes› sollte er getötet werden. Doch gelang es seinem Freund und Vetter Ali rechtzeitig, von diesem Plane Kenntnis zu erhalten und Mohammed zur Flucht zu veranlassen. In einer Höhle am Ende der Wüste verbarg er sich. Der Eingang der Höhle war mit dornigen Schlinggewächsen bewachsen, in deren Gesträuch Tauben nisteten, die sich auch durch das Durchschlüpfen des flüchtigen Propheten in ihrem Brutgeschäft nicht stören ließen. Als nun die Verfolger zu diesem Dorngestrüpp kamen, schien es ihnen unmöglich, daß sich dahinter ein menschliches Wesen verbergen könnte, ohne die Tauben aufzuscheuchen. So zogen sie weiter, den verhaßten Propheten zu suchen.

Ein Schwarm wilder Tauben aber flog gen Mekka.

Sie hatten dem Propheten das Leben gerettet und die Verbreitung seiner Lehre gesichert.

Zum steten Gedenken an diese Tauben ordnete der Prophet an, daß in jedem Hofe der Moscheen Tauben gehalten werden sollten, so immer die Dankbarkeit bezeugend für diese wunderbare Rettung.

Die Schlacht von Beder

Es war ein Jahr nach der Flucht des Propheten von Mekka nach Medina, der sogenannten großen Hedjir, im Jahr 622, von welchem Datum an man die mohammedanische Zeitrechnung zählt. Mohammed war mit seinen Freunden in Medina, aber das genügte den Mekkanern nicht. Er sollte auch dort vernichtet werden.

So zogen sie gen Medina, sicher, ohne jede Schwierigkeiten sich des Propheten und der Seinen bemächtigen zu können, denn sie kamen in großer Übermacht, Übermacht der Krieger und Übermacht der Menschen um so mehr, als bei einem solchen Zuge alles mitkam, was Beine hatte: Frauen, Kinder, Tiere. Es war ein Riesenzug, der von Mekka nach Medina zog. Man hörte ihn schon von weitem, Musik ertönte, und der Lärm ihrer Stimmen war weithin hörbar. Nach drei Wochen solchen Marsches stießen sie endlich auf Mohammed: Tausende von Mekkanern auf nur dreihundert Anhänger Mohammeds, zu denen noch einige Kamele gehörten, die die Wasserschläuche trugen. Als dieser kleine Trupp die sich näher wälzende Riesenschlange der Mekkaner im Morgenlicht erblickte, sank ihm der Mut; es schien ja von vornherein klar, daß dieses kleine Häuflein gegen die Übermacht der Mekkaner nicht bestehen könnte. Sie beschworen daher Mohammed, der ihr einziger Anführer war, doch vorsichtshalber umzukehren und einen Zusammenstoß zu vermeiden.

Aber Mohammed fühlte, daß es hier um mehr ging als um das Leben einiger Menschen, daß es hier um eine ganz wesentliche Entscheidung ging, ob seine Lehre Bestand haben sollte, oder ob sie in diesem Treffen wie er selbst den Todesstoß bekommen würde. Ein Ausweichen schien ihm unmöglich, es mußte auch seinen Anhängern bewiesen werden, daß seine Lehre Bestand haben würde, da sie den Schutz Allahs genoß.

So stellte er sich denn auf den Hügel, von dem aus er das ganze Gelände gut überblicken konnte, ließ das Schwert in seinem Gürtel stecken und hob nur die Arme mit den langen, weiten Ärmeln gen Himmel und rief den Seinen mit einem strahlenden, siegessicheren Lachen auf dem schönen Antlitz fast jubelnd zu: «Seht her, jene, die dort kommen, haben Weiber und Kinder bei sich – und was haben wir? Seht her!» Und jauchzend hob er den gelben Wüstensand zu seinen Füßen auf und warf ihn in die Luft, daß er in der Morgensonne leuchtete wie reines Gold und seine schwingenden Ärmel, Flügeln gleichend, hochflogen. «Seht her, seht her! Wißt ihr, was für uns kämpft? Seht her! Schwingen der Engel, die in ungezählter Menge uns zu Hilfe kommen, seht her!» Wieder warf er Sand in die goldene Morgensonne, und wieder flogen seine weiten Ärmel. Und die Kraft seines Geistes war so groß, seine herrliche Stimme so mitreißend, sein ganzes Wesen so gewaltig, daß die dreihundert Männer wirklich Engelschwingen sahen, zahllose Engelschwingen der ihnen zu Hilfe geeilten Kampfesengel. Mit dem hier zum ersten Male ertönenden Schlachtruf «Allahi– Allahu!» stürmten sie auf die völlig überraschten Mekkaner los, Mohammed allen voran. Die Mekkaner, verwirrt durch dieses stürmische Vordringen des so klein geglaubten Häufchens, völlig verwirrt durch den Schlachtruf und durch die Engelsflügel, die auch sie in der leuchtenden Morgensonne zu sehen glaubten, verloren die Ruhe und stürmten nun in wilder Flucht davon, den Siegern reiche Beute an Kamelen, Waren und Frauen hinterlassend.

Das war die berühmte Schlacht von Beder, die allen Gläubigen und allen Zweiflern die Gewißheit gab, daß Mohammeds Lehre, der Islam, unter dem besonderen Schutz Allahs stehe, des einen, des ewigen, des erbarmenden, des unermeßlichen Gottes, der gepriesen sei.

Die Moschee in Byzanz

Und wieder waren es Kriegszüge, diesmal aber nicht der Feinde des Islams, sondern die Mohammedaner selber überzogen kriegerisch die Länder um das Mittelmeer, ihre Lehre mit sich tragend und den anderen bringend, wobei sie großzügig und klug vorgingen, geschickt ihren Glauben mit den materiellen Interessen der zu Bekehrenden verbindend. Hundert Jahre und mehr währten diese Kriegszüge. Das Ziel war vor allem Byzanz, das goldene, das unsterbliche, das endlich müde und abgekämpft in die Hand des Siegers sank, der knietief im Blute seiner Feinde watete. Die Hagia Sophia, die schönste und größte christliche Kirche von Byzanz, wurde zur Moschee. Aber trotz allen Grausamkeiten hat sich gerade hier ein Symbol gebildet, darin sich der Gott der Mohammedaner und der Gott der Christen über allen Menschenhader hinweg anscheinend vereinigt haben:

Die Abdrücke der Kreuze, die an der großen Pforte der Hagia Sophia aus Metall dem schweren Holz aufgesetzt worden sind, lassen sich nicht verwischen; sie sind und bleiben sichtbar, mag man auch an dem Holz hobeln, mag man es überstreichen, soviel man will, immer sind sie wieder sichtbar. Und da, wo früher der Hauptaltar der christlichen Kirche stand, am Ansatz der herrlichen Kuppelwölbung, erscheinen alljährlich wieder, schattenhaft unter dem gleichmäßigen weißen Anstrich sichtbar werdend, das Antlitz Jesu Christi und seine segnend erhobene Hand. «Sie bleiben und schwinden nicht», sagte ein Imam, «und warum sollten sie auch? – Ist nicht auch Ischa einer unserer großen Propheten? Laßt Ihn uns verehren, wie es Ihm gebührt.»

Und wenn der ewige Imam kommen wird – der zwölfmal Zwölfte nach Ali soll es sein – dann wird er die ersehnte höchste Freiheit bringen. Er wird alles Trennende auslöschen, alle Sekten verschwinden lassen, als seien sie nie gewesen. Aller Hader wird vor ihm vergehen, und aus seinem Antlitz wird das Auge des Propheten leuchten. Alle Freiheit, die verlorenging, wird er wiedergeben, alle Freiheit zwischen Gott und Mensch. Wenn er kommt, der ewige Imam, wird Friede sein für alle Völker, für alle Menschen, gleich welchen Glaubens, wird alles eins sein, und jeder Gläubige wird vor dem Antlitz Gottes stehen.

Der Fischer und des Fisches grüner Stein

Es war ein Fischer, der hatte sich müde gearbeitet einen ganzen Tag lang und nichts erreicht. Endlich, als es schon dämmerte, zog er sein Netz ein und fand darin einen einzigen ganz kleinen Fisch. Er nahm ihn heraus, hielt ihn zornig in der Hand und sagte: «Ist das für einen ganzen Tag? Du elendes Ding, ich werfe dich zurück!» Noch aber hielt er ihn in der Hand und betrachtete ihn erstaunt, denn es schien, als hätte der Fisch drei Augen. Als er näher zuschaute, sah er, daß das, was er für ein drittes Auge in der Mitte zwischen den beiden anderen gehalten hatte, in Wahrheit ein grüner Stein war, der glänzte, wie die letzte Meerestiefe leuchtet, wenn die Fischer ihre Lichter hineinsenken, um die Fische zu erschrecken.

Der Fischer hielt den kleinen Fisch eine Weile, ihn verwundert betrachtend, in der Hand, worauf er den grünen, leuchtenden Stein leise prüfend mit den Fingerspitzen berührte. Kaum war das geschehen, so schien es ihm, als hörte er den Fisch sprechen. Der Torheit solcher Annahme war er sich nicht mehr bewußt, denn er hörte die Worte innerlich in sich, und es waren diese: «Schau dich um, dort auf der Höhe steht ein Serail – siehst du es?»

Der Fischer schaute sich um. Er kannte seine Heimat wohl, und da war niemals auf der Höhe ein Serail gewesen; ja, es gab kaum eine Höhe irgendwo. Aber als er sich jetzt umblickte, war wirklich eine Höhe da, und auf dieser

Höhe prunkte ein Serail, das strahlte in einer Pracht und Herrlichkeit, wie es kaum vorstellbar war.

«In dieses Serail, das du dort oben siehst, gehe hinein», hörte der Fischer in sich die Stimme, während seine Finger auf dem grünen Stein ruhten. «Am ersten Tor wirst du deinen Freund finden, ihn, den die Wellen dir raubten. Er wird dich bitten, zu bleiben. ‹Bleibe›, wird er sagen, ‹verlasse mich nicht, endlich sind Freunde wieder vereint!› Höre du nicht auf ihn, gehe hindurch, durch das erste Tor hindurch.

Am zweiten Tor wirst du deine Liebste finden, das Mädchen, das du vergeblich als Weib ersehntest und das von Räubern in die Berge entführt wurde. Sie wird dich anflehen: ‹Bleibe! Endlich sind Liebende vereint!› Höre du nicht auf sie, gehe durch das zweite Tor hindurch.

Am dritten Tor – und hier ist deine schwerste Aufgabe – wirst du deine Mutter finden, sie, die schon vor so vielen Jahren verstarb. Und sie wird glückselig auf dich zukommen und sagen: ‹Bleibe bei mir mein Sohn, endlich sind wir wieder vereint!» Höre du nicht auf sie, gehe auch durch das dritte Tor hindurch.

Dann wirst du in einer Riesenhalle stehen inmitten dieses Serails, und was dann geschieht, das wirst du sehen und erfahren.»

Dem Fischer zitterten die Hände, und so ließ er die Fingerspitzen von dem grünen Stein und hörte nichts mehr. Aber er behielt den Fisch in der Hand und ging auf dieses seltsame Serail zu, das vorher niemals dagewesen war, ging und ging, und wirklich, am ersten Tor, am gewaltigen Tor stand sein Freund. Wie schön, wie herrlich, dieses geliebte Antlitz wiederzusehen! Denn gibt es Größeres und Schöneres für einen Mann als die Freundschaft eines Mannes? Der Fischer schritt hindurch, und der Freund – ach, seine Stimme nur wiederzuhören! – bat und sagte: «Endlich, mein Freund, sehen wir uns wieder! Bleibe bei mir! Wie schön und wie gesegnet, beisammen zu sein!»

Der Fischer wollte stehenbleiben, da biß ihn der Fisch ganz fest in die Hand, und er erinnerte sich: Ich darf nicht stehenbleiben! Er ging hindurch, und das Erinnerungsbild des Freundes verblich, wie auch das Schattenbild des Tores schwand. Der Fischer kam zum zweiten Tor.

Da stand sie, die er so heiß ersehnt hatte, stand dort in aller Lieblichkeit, halb verhüllt von Schleiern; doch ihre dunklen Augen sahen ihn an, und durch den Schleier sah er ihre roten Lippen leuchten, und die Lippen sprachen: «Endlich, mein Geliebter, bin ich wieder bei dir. Oh, laß uns, laß uns nun für immer zusammenbleiben!» Seine Füße schienen im Boden zu wurzeln, er wollte die Arme nach ihr ausstrecken, da biß ihn wieder der Fisch… Aman, er durfte nicht! Warum, wußte er zwar nicht, aber er durfte nicht. Als er den Fuß vorsetzte, um an ihr vorbeizugehen, war sie wie ein Wolkenbild verschwunden, und er schritt nur durch ein Schattentor, das hinter ihm verblich.

Jetzt aber, jetzt kam das Schwerste – denn schon sah er sie, die Mutter, die verehrungswürdige Mutter – sie, vor der jeder in Ehrfurcht versinkt! Die Hände streckte sie ihm entgegen, und er hörte die Stimme, die seine Jugend behütet hatte, sagen: «Bleib bei mir, mein Sohn, da wir uns endlich wiederfanden!» An ihr vorbei trugen ihn die Füße nicht mehr. Da wand sich in seiner Hand der Fisch hin und her und her und hin, und seine Handfläche brannte wie Feuer, und er entsann sich: Es ist gesagt, du sollst weitergehen. So schritt er auch hier durch dieses qualvollste aller Tore hindurch, und das Bild der Mutter schwand dahin, wie die andern geschwunden waren, einem Nebelbilde gleich. Hinter ihm war nichts, vor ihm eine riesenhafte Halle, in deren Mitte ungezählte Menschen versammelt waren, die viele wehende Banner trugen. Da war das vertraute Banner des Propheten, die große grüne Fahne, die heilige – aber die anderen? Siehe dort, weiße Banner! In ihrer Mitte leuchtete wie Licht, das morgens strahlt, das Zeichen des Kreuzes. Dabei standen Männer in silberheller Rüstung. Die aber, die das Banner des Propheten hielten, trugen dunkle Panzerhemden, geflochten nach der Art, wie sie in Arabistan hergestellt wurden.

Alle, die da waren, schauten auf ihn, den armen Fischer, in dessen Hand sich nun kühl und weich der Fisch schmiegte. In der Mitte aber stand einer, der rief: «Fischer, komm herbei, ich liebe die Fischer!»

«Das war Ischas Stimme!» sagte der Fischer bei sich und kam eilends herbei.

In der Mitte derer, die das grüne Banner hielten, stand einer – oh, wie vertraut war dieses Bild: ein großer, ein schöner Mensch mit dem so wohlbekannten Bart; der lächelte und sagte: «Mein Sohn, mein Freund, komm herbei, wir gehen zusammen!»

«Mohammed, es ist Mohammed!» rief der Fischer. «Oh Allah, was geschieht mir?» Nahe Ischa stand er, nahe Mohammed auch, und er sah nun plötzlich die Banner wehen, mehr Banner noch, viele Farben, und die Männer, die sie hielten, trugen Helme, wie er solche noch niemals gesehen hatte. Hinter diesen nun erhob sich einer ganz gewaltig, gekleidet in ein weißes Gewand; er trug einen großen wallenden Bart, und er rief: «Komm auch zu mir, du Sohn des Propheten!»

Leise, fast zweifelnd noch, sagte der Fischer zu sich: «Dieser muß Moischi sein.» Da fühlte er in seiner Hand wieder des Fisches Brennen, und aus seinen Händen schlug eine Flamme empor, die warf sich vorwärts und hatte Gestalt dieses Fisches mit dem grünen Stein, war rötlich und klein, wurde größer, dehnte sich und bildete eine

Brücke, schlank und leuchtend wie ein Fisch. Die Brücke schwang sich über einen gewaltigen Abgrund, und als sie das feste Jenseits berührte, setzten sich alle, die dort unter den Bannern standen, in Bewegung.

Als erster schritt über diesen Brücken-Abgrund Moischi und hinter ihm die Seinen, die ihm folgten. Danach kam Mohammed, und sie folgten ihm und riefen: «Yah, Mohammed! Yah, Mohammed!»

Schweigend aber durch sie alle hindurch glitt Ischa. Und wo er vorbeiglitt, leuchteten die Rüstungen, leuchteten die Helme, und er wandte sich zurück zu dem Fischer, der reglos stand, und sagte: «Kommst du nicht mit uns, mein Bruder?»

Dieser Stimme nicht zu folgen, war unmöglich; so ging der Fischer. Sie schritten über die unendlich weite Brücke, über unendlich weite Fernen in eine ewige Weite hinein, und es war, als sänge unter ihnen jeder ihrer Schritte.

Am Abend dieses Tages fanden die Fischer dieser Küste einen Toten. Der lächelte und hatte die Hände über der Brust gefaltet. «Yah, Mohammed» sagten die Fischer ehrfürchtig. «Seht nur, seine Hände glänzen, als hielten sie ein verborgenes grünes Licht, Yah, Mohammed!»

Der Spiegel des Eblis

Aus dem gewaltigen Trieb des Erschaffens im höchsten Weltgeist ward der Gedanke der Gestaltung. Er und seine Hilfsgeister vermochten nicht mehr tatenlos in dem Bewußtsein ihrer Vollendung zu bleiben, und weder der Höchste Geist noch seine Hilfsgeister wußten, daß er, der ihnen diese Unruhe in den Frieden des vollkommenen Seins eingepflanzt hatte, Eblis war. Eblis, der Geist des Lichtschattens, Eblis, der Geist des Zweifels, Eblis, der Geist der Unruhe, Eblis, aus dessen Sein alles werden ward, denn er war der Feind des Gewordenen, der Feind des in sich ruhenden Friedens. Der höchste Geist liebte ihn, sah er doch sich selbst in ihm geschattet, wußte er doch, daß aus des Eblis Sein ihm immer neu die Vollendung erwuchs, aus des Eblis Verneinung die eigene Bejahung je und je sich neu erschuf. Er liebte ihn, wie die Größe das liebt, daran sie sich messen kann. Dennoch ruhte er in sich, auch jetzt wieder, da er mit seinen Hilfsgeistern, die aus seinen Nebengedanken entstanden waren, über den Weltenwassern schwebte, einem perlmutterfarbenen Nebelbrauen gleich.

Er war. Das genügte Ihm.

Nicht so Eblis.

«Wie vermagst du es, geliebter Gewaltiger, in der Ruhe des Seins dich zu bescheiden? Schaffe mehr! Schaffe das, was dir Widerhall gibt! Schaffe ein Wesen, das Teil von dir wäre, doch dir nur in Geringem gliche, so daß es immer zum Höheren, zur Vollendung in dir streben müßte. Schaffe ein Lebewesen, das uns ähnelt, Gewaltiger!»

Der höchste Geist strahlte auf Eblis seine Größe und Güte aus, so daß Eblis seine Macht der Dunkelheit erwärmt fühlte und durchglüht ward von neuer Kraft. Und der höchste Geist sprach zu Eblis, nicht in Worten wie jener, der das Wort und die Sprache erdacht hatte, sondern in Schwingungen, die mit dem perlmutterfarbenen Nebel aufleuchtend Eblis trafen, sprach so: «Nicht andere Lebewesen will ich wissen als die, welche das Grün der Erde, die ich aus meinem Denken erstehen lassen werde, zur Nahrung und Erhaltung suchen. Tiere aller Art sollen meinen Blick erfreuen, und für sie sollen Pflanzen aller Art wachsen und werden. So will ich es, das weißt du, Eblis.»

Eblis wußte es, aber er gab sich damit nicht zufrieden, war es doch sein Wesen, sich niemals zufriedenzugeben.

«Bedenke, geliebter Gewaltiger, daß diese Tiere dich niemals erfassen, dich niemals fühlen und wissen werden. Bedenke, wie schön es wäre, wenn Lebewesen mit ihrem ganzen Sein nach dir, aus dem sie wurden, strebten und du ihnen Antwort geben könntest aus deiner Erhabenheit. Bedenke, daß nur der Gott wirklich lebt, nach dem sich solche Lebewesen verzehren. Aus ihren verlangenden Gebeten erwächst seine Macht, ihr Sehnen nach seiner Höhe ist seine ewige Kraft.»

Der höchste Geist schaute auf Eblis, den er liebte, und Eblis erglühte in seinem tiefsten Sein. Aus diesem Blick des höchsten Geistes sog er neue Ewigkeit. Hochgereckt griff er hinter sich in das Nebelwesen, darunter die Wasser des Weltmeeres brauten, griff in dieses Weltmeer und brachte ein schimmerndes Etwas hervor, das in seinen Händen, geworden aus dem Unendlichen, Gestalt annahm. Es leuchtete im Perlmutterglanz des Werdens, hatte siebenfache Brechung des Lichtes und zeigte zum ersten Male im Sein der Welt das, was sich ihm bot – es war ein Spiegel. Eblis hielt ihn in einer Hand hoch vor das stille Antlitz des höchsten Geistes und strich mit der andern Hand darüber hin. «Blicke her, Erhabener», sagte er, und auf der Spiegelfläche ward es lebendig, regte und bewegte sich, ward zu einem Menschengesicht.

Der höchste Geist schaute reglos, im Weben ewigen Werdens gehemmt, in das erste Antlitz, das dem seinen gleich war. Wieder strich des Eblis Hand über die Spiegelfläche, und neue Gesichter wurden. Sie lebten, sie lachten, sie waren bewegt, sie liebten, sie schafften. Reglos wie vorher schaute der höchste Geist, und vor seiner Reglosigkeit erstarrte das Nebelmeer zur Ruhe, zerriß dann und zeigte unter sich die Erde in ihrem ersten Werden, schimmernd im ersten Grün des Gottesgedankens.

Wieder strich des Eblis Hand über den Spiegel, und jetzt klang seine dunkle Stimme durch den Weltenraum: «Sieh her, Ewiger, sie beten zu dir. Aus ihren Gebeten, Herr der Welt, wirst du ewiges Sein dir schaffen. Blicke hin.»

Da sah der höchste Geist im Spiegel des Eblis die Menschen, wie sie ihm Altäre bauten, sah sie die Hände betend zu ihm erheben, sah ihre Augen zu ihm flehen, ihre Münder ihm singen, sah in ihren Seelen sein eigenes Bild. Und Eblis vernahm aus dem Schwingen, das des höchsten Geistes Stimme war: «Du hast gesiegt, Eblis, geliebter Sohn. Es werde der Mensch, wie du gesagt hast.»

Im gleichen Augenblicke, da diese Worte Leben wurden und mit ihnen der Mensch, glühte Eblis zu einer Flamme auf und schleuderte den Spiegel mit gewaltigem Schwunge hinab auf die neu gewordene Erde. In tausend Splitter zerbarst der siebenfach gebrochene Spiegel, und über die ganze Erde stoben die leuchtenden Splitter. Mächtig schallte darüber hin des flammenden Eblis dunkle Stimme: «Menschenwesen ihr, wer immer von euch dort unten einen Splitter meines Spiegels findet und in ihm sein eigenes Antlitz erkennt, das ich hineinbannte, der sei frei, der sei groß, der sei voll Frieden. Ihr andern aber alle suchet, suchet, suchet im Spiegel der Gottheit euch selbst, in Angst, in Scheu, in Neid und in Hoffen, für ewige, ewige Zeiten.»

Des Eblis Stimme verstummte. Der höchste Geist verhüllte sich in tiefste Nebel.

Der Hader war geboren, der Unfriede, das Bangen. Nach den Spiegelsplittern sucht seither die Menschheit ewige, ewige Zeiten lang.

Der ewige Weber

Einer sitzt am Ende der Welt, dort, wo sie schon an den Himmel grenzt, und webt das Antlitz Allahs in tausendfacher Gestaltung immer wieder in sein Gewebe. Doch wenn er zu der liebsten Schöpfung Allahs gelangt, zum Menschen, der in der Sprache des ewigen Webers Adam benannt ist, dann bringt er nur Verzerrungen zustande. Das kommt daher, daß er selbst schon seit langem kein Mensch mehr ist und sein ganzes Hoffen in der Gnade Allahs besteht. Dieser ewige Weber vermag es dennoch, alle Verwirrung, die durch den Menschen entsteht, wiederzugeben in seinem Gewebe, eben weil es schon so ewig lange her ist, daß er dem Menschengeschlechte angehört hat. Sein Haar ist weiß, und der Staub vieler Jahrhunderte liegt darauf, aber geneigt über sein Gewebe verharrt er bei seiner Arbeit, die darin besteht, immer erneut das erhabene Antlitz Allahs zu gestalten und wiederzugeben. Irgendwann, so hofft er, wird einmal ein Frommer des Weges daherkommen und erfassen, wessen er sich unterfangen hat, und anbetend niedersinken vor seinem Werke.

Es ist dem Menschen nicht erlaubt, sich ein Abbild Allahs zu machen; doch er darf es, weil er ein tief Frommer ist, und solche dürfen sich ein ganz klein wenig mehr erlauben als der Durchschnittsmensch. Er darf es auch deshalb, weil er ‹Adam› nicht zu sehen vermochte, der Allahs Lieblingsgeschöpf war, von dem Er, der allwissend ist, aber wußte, daß es Ihm nicht ganz gelungen war. Ischa freilich, sein Bote, will das nicht wahrhaben; denn Ischa liebt diese Menschenwesen von ganzer Seele, und die Kraft dieser gebenedeiten Seele ist groß und gewaltig.

Unbeirrt von allem webt der ewige Weber und wartet auf den Frommen, der allein den Weg zum Weltende finden wird. Vielleicht wird es der ewige Imam sein; denn nur wenn diesen sein Weg daherführt, wird dem Weber die Gnade des Todes beschieden sein, die er sich leidenschaftlich ersehnt, er, der das Antlitz Allahs immer wieder webt und daher gewiß ist, in dessen Frieden einzugehen.

Nachwort

Das leuchtende Dreigestirn des Islams
Moses – Jesus – Mohammed

Enge, Fanatismus, religiösen blinden Haß wirft man dem Islam vor, tut es in der typischen Überheblichkeit des Abendländers und in völliger Unkenntnis islamischer Schau, islamischen Lebens und Denkens. Und doch ist es so, daß der haßbewegte Widerstreit zwischen Judentum, Christentum und Islam in den drei gewaltigen Symbolen dieser Glaubensformen in islamischen Landen längst schon, schon vor Jahrhunderten, gelöst war. Die drei großen Religionsgründer der Welt werden im Islam in ehrerbietiger Demut und im Glauben an ihr Gottesbotentum verehrt, wie es der Koran kündet und verlangt. Einer allein bleibt vergessen, wird nicht gewertet: Buddha. Und warum das? Buddha kündete keine Botschaft Gottes; er kündete die des erhabensten Nichtseins, nicht aber des Seins in Gott, also ist er kein Gottesbote. Eine höchst einfache Schlußfolgerung, wie alles, was der Orientale Gott nahe sieht, klar und einfach ist.

Über alle, die Gott kündeten, spricht der Koran, das ist: über Moses, Jesus, Mohammed, im Arabischen genannt Moische, Ischa, Mühamed. Von allen dreien weiß der Koran Gottes Vorwurf zu künden: «Ich sandte meine Boten zu euch, ihr aber habt sie nicht angehört, habt sie mißachtet und mißhandelt. Ich aber behielt Geduld.» Ja, Er behielt Geduld und sandte immer wieder einen Boten, bis Er kündete, Mühamed sei nun der letzte seiner Boten. «Doch behaltet die Worte der anderen in eurem Sinn.» Das ist es: Die anderen im Sinn behalten, wenn auch nur dieser eine, dieser letzte, Mühamed, in der Sprache Arabiens zu den Arabern sprach, dem Orient gehörten sie doch alle drei an. Nur einer, Mühamed, durfte das Leben eines Mannes wie die um ihn herum führen, nur einer nach den Verfolgungen seiner Jugend den friedlichen Menschentod sterben. Moses starb den Tod des gewaltigen Propheten, war schon aller Kleinheit, allem Menschentum einfacher Art entrückt, als der Tod ihn umfing. Ischa aber... ja... Ischa? Ischa starb nicht. Ischa ist von denen, die in der Nähe Allahs sind, wie auch Moses und Mühamed; doch wurde er aller Menschengewalt und Grausamkeit entrückt und Menschenblicken unsichtbar gemacht. Denn es war Eblis, der dunkle Engel, der die Vollkommenheit nicht erträgt, sie aber auch nicht vernichten kann, der aus den Menschen, aus ihrem bösen Wollen, das Wunschbild der Qual und des Leidens dieses Vollkommenen schuf, so auch seinen schmachvollen Tod. Er aber, Ischa, der Verehrte, der Geliebte, war all diesem längst entrückt, war schon nahe bei Allah, da er ein Teil des Göttlichen war. Ischa, aus gleichem Blut wie Moses, doch ohne dessen Strenge, ohne dessen Härte der Gesetzmäßigkeit, Ischa, heute und immer der Inbegriff von Licht, Güte, Frohsinn, Hilfe und höchster Gottesschöne.

Unzählig sind die Legenden um ihn, und lebendig ist er in allem Geschehen. Er kommt den Fischern auf dem Roten Meere zu Hilfe, auf den Wellen schreitend, und seine Stimme übertönt jeden Sturm, obgleich sie nicht laut ist. Er kommt den Wanderern in der Wüste zu Hilfe, und unter seinen gesegneten Füßen strömen Wasserquellen auf, seine Stimme aber gibt Mut und neue Kraft. Ist einer schon ohne Bewußtsein vor Durst und Erschöpfung, so richtet er sich auf, flüstert: «Ischa rief», und wankt weiter. Wenn der Samum pfeift, hört mancher, der in Bangen verzagte, plötzlich rufen: «Kennt ihr meine Stimme nicht? Wartet, ihr hört sie bald besser... wartet noch.» Und sie richten sich ein wenig auf: «Ischa ist's, es ist der Samum nicht. Warten wir, er ruft gleich klarer.»

So geht er durchs Herz des Islams in großer, starker, strahlender Lebendigkeit. Während Mühamed der Freund und Bruder ist, der in allen Dingen des Lebens, des ihm so wohlbekannten, ein Helfer bleibt, einer, der niemals heilig sein wollte, nein, ein Araber wie sie alle, wenn auch er-wählter Bote Gottes, während Moses in aller gewaltigen Erhabenheit das unerbittliche Gesetz unter der strengen Hand eines harten Gottes bedeutet – ist Ischa die lachende Liebe, die starke, niemals versagende, leuchtende Kraft, das, was nie gesehen werden kann, aber immer gefühlt und gewußt. «Kennt ihr meine Stimme nicht?» Ja, sie kennen sie. Sie lauschen auf sie, und in zärtlicher Ehrfurcht spre-chen sie leise, ganz leise den geliebten Namen aus... «*Ischa*»... «Laßt euer Herz ihn rufen, nicht eure Zunge, er hört es besser, euer Herz.»

Moses darf man laut rufen, wenn man seiner Weisheit bedarf, laut, mit der Zunge. Mühamed, den Gesegneten, ruft man, wie man eben den Freund und Bruder ruft, wenn auch einen sehr verehrten. Aber Ischa ruft das Herz.

Und so leuchten die gewaltigen Sterne über dem Land des Islams, das gesegnet lebt und gesegnet stirbt unter seg-nendem Licht.

Elsa Sophia von Kamphoevener

Fabrizia Ramondino
im Arche Verlag

Althénopis
Kosmos einer Kindheit. Roman
Aus dem Italienischen von Maja Pflug
Mit einem Nachwort von Lea Ritter-Santini
368 Seiten Geb.

Die Vögel des Narcís
Zehn Erzählungen
Aus dem Italienischen von Maja Pflug
310 Seiten. Geb.

Ein Tag und ein halber. Roman
Aus dem Italienischen von Maja Pflug
323 Seiten. Geb.

Fabrizia Ramondino
und Andreas F. Müller (Hg.)
Neapel
»...Da fiel kein Traum herab
...Da fiel mir Leben zu...«
Originalausgabe. 264 Seiten. Leinen

»Eine in der Fülle ihrer Wahrnehmungen opulente
Erzählerin...« Barbara von Becker, DIE ZEIT

Die Erzählerbibliothek

James Baldwin
Sonnys Blues
Gesammelte Erzählungen
Deutsch von Gisela Stege
256 Seiten. Gebunden

Gottfried Benn
Das letzte Ich
Sämtliche Erzählungen
256 Seiten. Gebunden

Albert Camus
Jonas oder
Der Künstler bei der Arbeit
Gesammelte Erzählungen
Deutsch von Guido G. Meister
256 Seiten. Gebunden

Roald Dahl
Geory Porgy
Gesammelte Erzählungen
Deutsch von H.-H. Wellmann/
W.v.d. Mülbe/F. Güttinger
448 Seiten. Gebunden

Ernest Hemingway
Die Stories
Deutsch von Annemarie Horschitz-Horst
500 Seiten. Gebunden

C 2329/1

Die Erzählerbibliothek

Henry Miller
Der Engel ist mein Wasserzeichen
Sämtliche Erzählungen
Deutsch von Kurt Wagenseil und
Herbert Zand
352 Seiten. Gebunden

Robert Musil
**Frühe Prosa und aus dem Nachlaß
zu Lebzeiten**
384 Seiten. Gebunden

Vladimir Nabokov
Der schwere Rauch
Gesammelte Erzählungen
Herausgegeben und mit einem Nachwort
von Dieter E. Zimmer
352 Seiten. Gebunden

Jean-Paul Sartre
Die Kindheit eines Chefs
Gesammelte Erzählungen
Deutsch von Uli Aumüller
256 Seiten. Gebunden

John Updike
Werben um die eigene Frau
Gesammelte Erzählungen
Deutsch von M. Carlsson/S. Rademacher/
H. Stiehl
320 Seiten. Gebunden

C 2329/1 a

Kleine Nachttischbändchen

Eine Auswahl

Chas Addams
Schwarze Scherze
Gruselgraphik
100 Seiten Zeichnungen des Autors.
Gebunden

Claire Bretècher
Frühlingserwachen
Zwei Bildergeschichten für frustrierte
Eltern
120 Seiten Comics. Gebunden

Jean Effel
**Heitere Schöpfungsgeschichte für
fröhliche Erdenbürger**
Mit Illustrationen des Autors
192 Seiten. Gebunden
Das Liebesleben von Adam und Eva
erforscht in 110 Bildern.
Mit Illustrationen des Autors
120 Seiten. Gebunden

Pericle Luigi Giovannetti
Max oder die Tücken des Objekts
40 Bildergeschichten mit Illustrationen
des Autors
120 Seiten. Gebunden

Graham Greene
Heirate nie in Monte Carlo
Ein Flitterwochen-Roman
170 Seiten. Gebunden

Elsa Sophia von Kamphoevener
Liebeslist
Drei alttürkische Erzählungen
120 Seiten. Gebunden

C 2148/3

Kleine Nachttischbändchen

Eine Auswahl

Manfred Kyber
Ambrosius Dauerspeck und Mariechen Knusperkorn
Unter Tieren mit Manfred Kyber
160 Seiten. Gebunden
Das patentierte Krokodil und andere Tiergeschichten
120 Seiten. Gebunden

Raymond Peynet
Mit den Augen der Liebe
Ein Bilderbuch für zärtliche Leute
192 Seiten. Gebunden
Sprache des Herzens
Ein Bilderbuch für Empfindsame
120 Seiten. Gebunden
Zärtliche Welt
Ein Bilderbuch für Liebende und andere Optimisten
180 Seiten. Gebunden

E.O. Plauen
Vater und Sohn
38 Bildergeschichten mit Zeichnungen des Autors.
128 Seiten. Gebunden

Gregor von Rezzori
Die schönsten maghrebinischen Geschichten
180 Seiten. Gebunden

Carl Zuckmayer
Der Seelenbräu
Eine Geschichte aus dem Salzburger Land.
Mit 20 Illustrationen von Otto Schauer
192 Seiten. Gebunden

C 2148/2 a